3D-Druck und Lean Production

Carsten Feldmann · Anneliese Gorj

3D-Druck und Lean Production

Schlanke Produktionssysteme mit additiver Fertigung

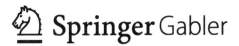

Carsten Feldmann
Münster, Deutschland

Anneliese Gorj
Münster, Deutschland

ISBN 978-3-658-18407-0   ISBN 978-3-658-18408-7   (eBook)
DOI 10.1007/978-3-658-18408-7

Die Deutsche Nationalbibliothek verzeichnet diese Publikation in der Deutschen Nationalbibliografie; detaillierte bibliografische Daten sind im Internet über http://dnb.d-nb.de abrufbar.

Springer Gabler
© Springer Fachmedien Wiesbaden GmbH 2017

Gedruckt auf säurefreiem und chlorfrei gebleichtem Papier

Springer Gabler ist Teil von Springer Nature
Die eingetragene Gesellschaft ist Springer Fachmedien Wiesbaden GmbH
Die Anschrift der Gesellschaft ist: Abraham-Lincoln-Str. 46, 65189 Wiesbaden, Germany

Vorwort

Die Prinzipien und Werkzeuge der Lean Production haben aus wissenschaftlicher Perspektive einen hohen Reifegrad erreicht.[1] Der Durchdringungsgrad in der Unternehmenspraxis spiegelt dies jedoch nicht wider.[2] Der 3D-Druck hingegen entwickelt sich sehr dynamisch im Hinblick auf neue Verfahren, Materialien und Anwendungsbereiche.[3] Entsprechend haben additive Fertigungsverfahren in den letzten Jahren sowohl in der Unternehmenspraxis als auch in der Wissenschaft einen rasanten Bedeutungszuwachs erfahren. Allerdings darf die hohe Relevanz nicht darüber hinwegtäuschen, dass eine Vielzahl von Unternehmen mit Problemen hinsichtlich der konkreten Investitionsentscheidung konfrontiert ist. Dies betrifft insbesondere die Beurteilung der Vor- und Nachteile des Einsatzes additiver Fertigungsverfahren in „schlanken" Produktionssystemen, die nach den Prinzipien der Lean Production organisiert sind. Hier soll das vorliegende Buch eine Hilfestellung bieten.

Eine weitere Herausforderung ist die beispiellose Aufmerksamkeit und der „Hype", den die 3D-Druck-Technologie aktuell in den Medien erfährt. Dadurch kann leicht der falsche Eindruck entstehen, dass 3D-Druck den nicht-additiven Fertigungsverfahren wie Spritzguss, Drehen oder Fräsen generell überlegen ist. Zwar ist 3D-Druck in vielen Fällen eine wirtschaftliche Alternative zu nicht-additiven Fertigungsverfahren. Jedoch sollte vor einer Implementierung eine anwendungs- bzw. bauteilspezifische Evaluation stehen, insbesondere im Hinblick auf Geschwindigkeit, Mengendegressionseffekte und Energieverbrauch im Vergleich zu nicht-additiven Fertigungsverfahren.

---

[1]Vgl. Zollondz (2013), S. I.
[2]Vgl. Abschn. 1.1.
[3]Vgl. Feldmann/Pumpe (2016), S. 55.

Praktikern, Wissenschaftlern und Studierenden bietet dieses Buch eine umfassende Beantwortung der Frage, inwieweit 3D-Druck die Prinzipien und Methoden der Lean Production unterstützt bzw. inwieweit 3D-Druck als Element eines schlanken Produktionssystems einzusetzen ist. Dafür ist Basiswissen zu den Fertigungsverfahren des 3D-Drucks aufzubauen sowie theoretische Grundlagen zu den Prinzipien und Methoden der Lean Production zu vermitteln.

Forschungs- und Lehraktivitäten an Hochschulen sollten sich wechselseitig ergänzen und befördern. Die Erkenntnisse aus Forschungsprojekten sollten in die Lehre einfließen und aus der Lehre heraus Erfordernisse für neue Forschungsvorhaben identifiziert und durch Aufsetzen entsprechender Projekte – insbesondere mit Unternehmen als Kooperationspartnern – umgesetzt werden. Ausgangspunkt der Untersuchung war die Thesis von Frau Gorj im Rahmen des Master-Studiengangs Logistik der Fachhochschule Münster. Dieses Buch ist der anwendungsorientierten Forschung zuzuordnen, deren Fragestellungen sich aus den Erfordernissen der Praxis herleiten. Da die Ergebnisse bei unternehmerischen Entscheidungsprozessen verwertet werden sollen, sind diese am Bewertungsmaßstab der „Brauchbarkeit" in der Praxis zu beurteilen. Die Forschung zum 3D-Druck ist durch ein sehr hohes Entwicklungstempo der Technologie und Interdisziplinarität gekennzeichnet. Dementsprechend herausfordernd ist eine aktuelle und vollständige Bearbeitung der Thematik. Vor diesem Hintergrund freuen sich die Autoren über Hinweise zur Weiterentwicklung und Aktualisierung der Inhalte in einer weiteren Auflage des Buches.

Carsten Feldmann
Anneliese Gorj

Inhaltsverzeichnis

Einleitung 1

1.1 Motivation

Globalisierung, demografischer Wandel, zunehmende Nachfrage nach kunden-individuellen Produkten, kürzere Produktlebenszyklen, standort- und unternehmensübergreifende Fertigungsnetzwerke sowie neue Technologien im Rahmen der Industrie 4.0 führen dazu, dass Fertigungsprozesse durch eine steigende Komplexität gekennzeichnet sind.[1] Insbesondere dynamische Märkte und die verstärkte Nachfrage nach kundenindividuellen Produkten erfordern ein Umdenken in Bezug auf die eingesetzten Fertigungsverfahren. Auf der einen Seite verlangen die Kunden nach innovativen, individuell maßgeschneiderten Produkten von hoher Qualität zu einem wettbewerbsfähigen Preis. Auf der anderen Seite stehen die Unternehmen vor der Herausforderung kürzerer Lebenszyklen, die zu einer kürzeren Amortisationsdauer der Investitionen in Maschinen und Werkzeuge führen. 3D-Druck, auch als additive Fertigung bekannt, scheint eine Lösung für dieses Spannungsfeld zu bieten.[2]

3D-Druck wird als „durchschlagende Innovation"[3] charakterisiert, da ihr das Potenzial zugeschrieben wird, nicht nur die Produktion, sondern ganze Branchen und ihre Supply Chains (Lieferketten bzw. Wertschöpfungsnetzwerke) grundlegend

---

[1]Vgl. Abele/Reinhart (2011), S. 40 ff., 72 ff.; Ehrenmann (2015), S. 130; Ziegenbein (2014), S. 7.

[2]Vgl. Lindemann (2012), S. 155 ff., zitiert bei Feldmann/Pumpe (2016), S. 1.

[3]Vgl. Muita/Westerlund/Rajala (2015), S. 36.

© Springer Fachmedien Wiesbaden GmbH 2017
C. Feldmann und A. Gorj, *3D-Druck und Lean Production*,
DOI 10.1007/978-3-658-18408-7_1

zu verändern.[4] Das Drucken von Flugzeugteilen[5], Keksen[6], chirurgischen Implantaten[7] oder Brillengestellen[8], die individuellen Gesichtsformen angepasst sind, sind nur illustrative Beispiele für Anwendungen des 3D-Drucks und dessen technische und betriebswirtschaftliche Potenziale.[9] Aufgrund der teilweise spektakulären Anwendungsbeispiele und der hohen Entwicklungsdynamik im Hinblick auf neue Verfahren und Materialien steht die Technologie medial besonders im Fokus.[10] Sie wird in einigen Veröffentlichungen als industrielle Revolution überzeichnet, obwohl es sich vielmehr um eine rasante Evolution einer lange verfügbaren Technologie handelt, die mit der Stereolithografie ihren Ursprung in den frühen 1980er Jahren hat.[11] Wurden im Jahre 2005 weltweit 80 neue Patente im Zusammenhang mit dem 3D-Druck erteilt, so waren es im Jahre 2013 bereits ca. 600.[12] Zudem finden im Bereich des 3D-Drucks vielfältige Forschungsprojekte und zahlreiche internationale Konferenzen und Messen statt.[13]

Die dynamische Entwicklung des 3D-Drucks schlägt sich ebenso im **Gartner Hype Cycle** nieder, der den Reifegrad bzw. die Verbreitung einer Technologie im Zeitablauf visualisiert (vgl. Abb. 1.1).[14] Dafür werden auf der Ordinate die Erwartungen an die Technologie bzw. die Aufmerksamkeit und auf der Abszisse die Zeit abgetragen. Jede Technologie durchläuft in ihrem Lebenszyklus fünf Phasen bis zur Marktreife: Die erste Phase („Innovationsauslöser" wie z. B. ein technologischer Durchbruch, Projektbeginn) kennzeichnet ein steiler Anstieg der

---

[4]Vgl. Feldmann/Pumpe (2016); Muita/Westerlund/Rajala (2015), S. 36; ebenso Kalva (2015), S. 185.

[5]Vgl. Feldmann/Pumpe (2016), S. 2.

[6]Vgl. Lipton et al. (2015), S. 118.

[7]Vgl. ebenda, S. 22, 185.

[8]Vgl. o. V. (2016), S. 22.

[9]Vgl. Feldmann (2015), S. 2.

[10]Vgl. Schreier (2015), S. 33, Interviewantwort von Patron, C.; Thompson/Stolfi/Mischkot (2016), S. 25; ebenso Kalva (2015), S. 184; Vasilash (2014), S. 36.

[11]„3D printing has the potential to revolutionize the way we make almost everything." Barack Obama, ehem. US-Präsident, zitiert bei Webster (2013). Zur Charakterisierung als Revolution vgl. ebenso Bogers/Hadar/Bilberg (2016), S. 225; Rayna/Striukova (2016), S. 214. Anders Feldmann (2015).

[12]Vgl. D'Aveni (2015), S. 45.

[13]Vgl. Bland/Conner (2015), S. 115; Sonnenberg (2016), S. 33.

[14]Vgl. Gartner (o. J.).

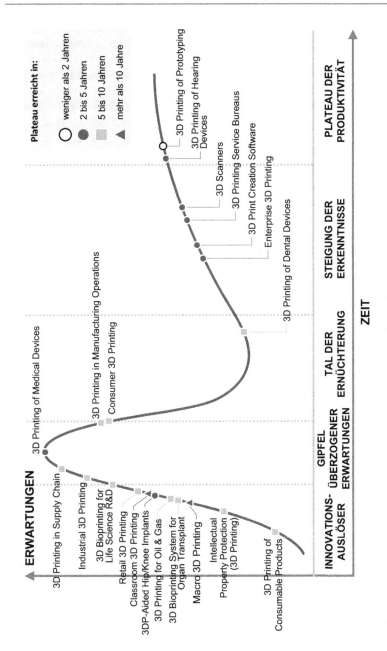

Abb. 1.1 Erwartungen an die Technologie im Zeitablauf – Gartner Hype Cycle. (Vgl. Gartner 2015)

Erwartungen bis zum Höhepunkt in Phase Zwei, dem „Gipfel der überzogenen Erwartungen". In der dritten Phase werden die übertriebenen Erwartungen im „Tal der Ernüchterung" gedämpft. In der folgenden Phase, der sog. „Steigung der Erleuchtung", kristallisieren sich tatsächliche Anwendungsmöglichkeiten heraus und die nun realistischen Erwartungen an die Technologie sind umsetzbar. Danach erreicht die Technologie bei hinreichender Marktreife und breiter Marktdurchdringung das „Plateau der Produktivität". Der Einsatz des 3D-Drucks für die Fertigung von Prototypen weist bereits einen hohen Reifegrad auf und ist auf dem „Plateau der Produktivität" angesiedelt. Demgegenüber ist der industrielle Einsatz in der Serienfertigung für additiv gefertigte Bauteile bzw. Endprodukte (noch) durch übertriebene Erwartungen gekennzeichnet. Eine Ausnahme stellen kundenindividuell gefertigte Hörgeräte dar, bei denen die Fertigung mittels 3D-Druck bereits weit verbreitet ist.

3D-Druck wird mit sog. disruptiven Technologien wie digitalen Büchern und Musik-Downloads verglichen, mit denen Unternehmen profitabel kleine Marktsegmente mit maßgeschneiderten Produkten bedienen und dabei nur mit einem kleinen oder gar keinem Fertigwarenlager arbeiten.[15] Durch den Einsatz von 3D-Druck lassen sich kleine Stückzahlen kundenspezifischer Produkte zu relativ geringen Kosten herstellen, indem ein additiver Fertigungsprozess genutzt wird. Dabei handelt es sich um einen schichtweisen Aufbau dreidimensionaler Werkstücke aus einem oder mehreren flüssigen oder festen Werkstoffen mittels physikalischer oder chemischer Härtungs- oder Schmelzprozesse (vgl. Abschn. 3.1.3).[16] Hierfür dienen dreidimensionale digitale Daten als Basis. Das entscheidende Merkmal dieser additiven Fertigung ist der schichtweise Aufbau des Objekts – im Gegensatz zu sog. subtraktiven (abtragenden) Fertigungsverfahren wie z. B. Drehen oder Fräsen.

Im Rahmen der aktuellen Diskussionen um die Industrie 4.0 bzw. die digitale Transformation der Wertschöpfung ist der 3D-Druck einer der technologischen Treiber bzw. Enabler. Vielen Unternehmen mangelt es jedoch an Erfahrungswerten bzw. der Kompetenz, um die Potenziale des Einsatzes des 3D-Drucks in einem schlanken Produktionssystem, das nach den Prinzipien der Lean Production gestaltet ist, hinreichend differenziert beurteilen zu können. Dies umfasst zum einen qualitativ-technische Aspekte, zum anderen sind betriebswirtschaftliche Aspekte

---

[15]Vgl. Feldmann/Pumpe (2016), S. 1.
[16]Vgl. Bogue (2013), S. 307; Gebhardt (2016), S. 2 f.; Gibson/Rosen/Stucker (2015), S. 2; Salonitis/Al Zarban (2015), S. 193.

im Rahmen einer Wirtschaftlichkeitsanalyse zu beleuchten. Zudem erschwert die Vielfalt der am Markt verfügbaren Druckverfahren, Druckrohstoffe und Hersteller eine schnelle Orientierung.

Neben dem 3D-Druck ist das Thema **Lean Production** im produzierenden Gewerbe sehr präsent. Die Prinzipien und Werkzeuge der Lean Production haben aus wissenschaftlicher Perspektive einen hohen Reifegrad erreicht.[17] Der Durchdringungsgrad in der Unternehmenspraxis spiegelt dies jedoch nicht wider. Eine empirische Studie aus dem Jahre 2013 kommt zu dem Schluss, dass nur etwa 10 % der deutschen Industrieunternehmen bewusst Lean-Prinzipien und -Methoden anwenden.[18] Das „schlanke Denken" der Lean Production ist nicht nur für die Optimierung der Produktion seit Jahrzehnten in der Industrie verankert, sondern wurde unter dem Begriff Lean Management ebenso auf andere Unternehmensbereiche und Branchen übertragen.[19] Alle Prozesse und Aktivitäten einer Organisation sind aufeinander abzustimmen und kontinuierlich zu verbessern, um den **Wert für den Kunden** zu maximieren und **Verschwendung** zu eliminieren bzw. nicht wertschaffende Elemente in der Organisation zu minimieren.[20] Die Prinzipien und Methoden der Lean Production wurden zu einer Zeit entwickelt, in der 3D-Druck als Fertigungsverfahren für die Serienfertigung nicht relevant war.

---

[17]Vgl. Zollondz (2013), S. I.

[18]Vgl. Siebold (2013). Als Basis der Befragung dienten die produzierenden Unternehmen aus der Liste der 1000 umsatzstärksten deutschen Weltmarktführer. Alle Unternehmen, die sich an der Umfrage mit einer Rücklaufquote von 7 % beteiligt haben, befassten sich bereits mit dem Thema Lean. Teilnehmende Unternehmen kamen zu jeweils ca. einem Drittel aus der Automobil- und Automobilzulieferindustrie sowie aus dem Maschinen- und Anlagenbau. Das restliche Drittel setzt sich aus Unternehmen verschiedener Branchen zusammen. Anders die Abbeglen Unternehmensberatung (2009), die bei einer Studie mit europäischen 800 Unternehmen feststellten, dass 57 % der Unternehmen Lean-Methoden einsetzen. 60 % (444) der Teilnehmer der Studie sind dem Produktionssektor, 30 % (260) dem Dienstleistungsbereich und 10 % (67) der öffentlichen Verwaltung zuzuordnen. Ggf. sind die abweichenden Ergebnisse durch die unterschiedlichen Unternehmensgrößen und abweichende Interpretation hinsichtlich konsistenter Implementierung der Methoden und jeweiliger Reifegrad der Anwendung erklärbar. Ziegenbein (2014) stellt fest, dass der Mittelstand bzgl. der Implementierung schlanker Fertigungsprinzipien weit hinter Großunternehmen zurück liegt. Vgl. Ziegenbein (2014) und die dort zitierten Quellen.

[19]Für die Erfolge der Lean Production vgl. z. B. Singh/Singh (2015), S. 112 und Ziegenbein (2014), S. 6 f.

[20]Vgl. Abschn. 3.3.1.

Vielfältige Aspekte des 3D-Drucks und der Lean Production wurden in der Literatur bereits separat untersucht. Die Zusammenführung der beiden Themen und eine Untersuchung der Bedeutung des 3D-Drucks für Lean Production hingegen erfolgten bislang nur oberflächlich in einer einzigen Veröffentlichung.[21] Insofern besteht eine **Forschungslücke,** die es im Folgenden zu schließen gilt.

1.2   Ziele

Das vorliegende Buch untersucht die Vereinbarkeit des 3D-Drucks mit den Prinzipien und Methoden der Lean Production. Dafür werden kompakt die Prinzipien und Methoden der Lean Production erläutert und Basiswissen zur additiven Fertigung mittels 3D-Druckmaschinen vermittelt, um die folgende Fragestellung zu beantworten:

Inwieweit unterstützt der 3D-Druck die Prinzipien und Methoden der Lean Production bzw. inwieweit ist 3D-Druck als Element eines schlanken Produktionssystems einzusetzen?

Ziel dieser Arbeit ist es nicht, spezifische 3D-Druck-Verfahren wie z. B. Fused Deposition Modeling (FDM) oder Selektives Laserschmelzen (SLM) im Hinblick auf einen Fit zu Lean Production zu evaluieren. Vielmehr wird der 3D-Druck als Gruppe additiver Fertigungsverfahren betrachtet. Allerdings sind bei der Beantwortung der o. g. Forschungsfragen teilweise relevante Eigenschaften verschiedener Druckmaterialien wie z. B. Metall versus Kunststoff bei der Analyse zu berücksichtigen. Zudem werden ausschließlich fertigungsbezogene Prinzipien und Werkzeuge der Lean Production im engeren Sinne analysiert. Weitere (wichtige) Aspekte wie z. B. schlanke Philosophie und Mitarbeiter werden aus der Betrachtung weitgehend ausgeblendet.

1.3   Gang der Untersuchung

Zunächst wird im zweiten Kapitel die angewandte Forschungsmethodik erläutert. Daraufhin entwickelt Kapitel Drei einen theoretischen Bezugsrahmen, um ein grundlegendes Verständnis über 3D-Druck, Produktionssysteme und Lean Production zu vermitteln. Darauf aufbauend analysiert das vierte Kapitel, ob und unter welchen Aspekten der 3D-Druck mit den Lean-Prinzipien vereinbar

---

[21]Vgl. Tuck/Hague/Burns (2007).

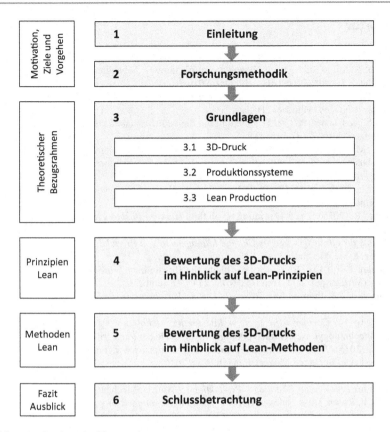

Abb. 1.2   Struktur der Untersuchung

ist. Schließlich werden in Kapitel Fünf ausgewählte Lean-Methoden bzw. Werkzeuge vorgestellt und deren Anwendung im 3D-Druck-Kontext bewertet, um die Ausgangsfrage nach der Vereinbarkeit des 3D-Drucks mit den Prinzipien und Methoden des Lean Managements umfänglich zu beantworten. Das sechste Kapitel schließt mit einem Fazit und einem Ausblick auf zukünftige Entwicklungen. Abb. 1.2 visualisiert den Gang der Untersuchung.

Praktiker können das folgende Kapitel zur Forschungsmethodik ohne wesentlichen Informationsverlust überspringen, da vor allem wissenschaftstheoretische Aspekte behandelt werden.

Literatur

Abbeglen. (2009). *Lean Management Studie 2009.* Studie der Abegglen Management Consultants AG, Zürich. www.abegglen.com/fileadmin/.../Abegglen_Lean_Management_Studie_2009.pdf. Zugegriffen: 20. Dez. 2016.

Abele, E., & Reinhart, G. (2011). *Zukunft der Poduktion. Herausforderungen, Forschungsfelder, Chancen.* München: Hanser.

Bland, S., & Conner, B. (2015). Mapping out the additive manufacturing landscape. *Metal Powder Report, 70*(3), 115–119.

Bogers, M., Hadar, R., & Bilberg, A. (2016). Additive manufacturing for consumer-centric business models: Implications for supply chains in consumer goods manufacturing. *Technological Forecasting and Social Change, 102,* 225–239.

Bogue, R., & Bogue, R. (2013). 3D printing: The dawn of a new era in manufacturing? *Assembly Automation, 33*(4), 307–311.

D'Aveni, R. (2015). The 3-D printing revolution. *Harvard Business Review, 5,* 40–48.

Ehrenmann, F. (2015). *Kosten- und zeiteffizienter Wandel von produktionssystemen. Ein Ansatz für ein ausgewogenes Change Management von Produktionsnetzwerken.* Dissertation 2014, Wiesbaden.

Feldmann, C. (2015). 3D-Druck: Wo bleibt die Revolution? *Frankfurter Allgemeine Zeitung* (Verlagsspezial IT Trends 2016), V2 (15. Dezember).

Feldmann, C., & Pumpe, A. (2016). *3D-Druck: Verfahrensauswahl und Wirtschaftlichkeit additiver Fertigung – Entscheidungsunterstützung für Unternehmen.* Wiesbaden: Gabler.

Gartner. (o. J.). *Gartner hype cycle – Interpreting technology hype.* http://www.gartner.com/technology/research/methodologies/hype-cycle.jsp. Zugegriffen: 18. Nov. 2016.

Gartner. (2015). *Hype cycle for 3D printing 2015.* https://www.gartner.com/doc/3100228/hype-cycle-d-printing. Zugegriffen: 18. Nov. 2016.

Gebhardt, A. (2016). *Additive Fertigungsverfahren: Additive Manufacturing und 3D-Drucken für Prototyping – Tooling – Produktion* (5. Aufl.). München: Hanser.

Gibson, I., Rosen, D., & Stucker, B. (2015). *Additive manufacturing technologies: 3D printing, rapid prototyping, and direct digital manufacturing* (2. Aufl.). New York: Springer.

Kalva, R. S. (2015). 3D Printing – The future of manufacturing (The Next Industrial Revolution). *International Journal of Innovations in Engineering and Technology, 5*(1), 184–190.

Lindemann, C., Jahnke, U., Moi, M., & Koch, R. (2012). *Analyzing product lifecycle costs for a better understanding of cost drivers in additive manufacturing.* 23rd Annual International Solid Freeform Fabrication Symposium – An Additive Manufacturing Conference.

Lipton, J. I., et al. (2015). Additive manufacturing for the food industry: A review. *Trends in Food Science & Technology, 43*(1), 114–123.

Muita, K., Westerlund, M., & Rajala, R. (2015). The evolution of rapid production: How to adopt novel manufacturing technology. *IFAC Proceedings Volumes, 48*(3), 32–37.

o. V. (2016). Brillen aus dem 3D-Drucker. *Die Zeit, 84,* 22 (11. April).

Rayna, T., & Striukova, L. (2016). From rapid prototyping to home fabrication: How 3D printing is changing business model innovation. *Technological Forecasting and Social Change, 102,* 214–224.

Salonitis, K., & Al Zarban, S. (2015). Redesign optimization for manufacturing using additive layer techniques. *Procedia CIRP, 36,* 193–198.

Schreier, J., & Patron, C. (2015). Industrie 4.0 kommt nicht mit einem grossen Ruck. *MaschinenMarkt, 2015*(34), 32–35.

Siebold, T. (2013). *Verbreitung der Lean-Philosopie bei Industrieunternehmen in Deutschland, Duale Hochschule Baden Württemberg (DHBW) in Zusammenarbeit mit IMIG International Management and Innovation Group AG.* Stuttgart.

Singh, J., & Singh, H. (2015). Continuous improvement philosophy – Literature review and directions. *Benchmarking: An International Journal, 22*(1), 75–119.

Sonnenberg, V. (2016). Drucken und Spanen in einem einzigen Produktionsschritt. *MaschinenMarkt Metav Journal, 2016,* 30–33.

Thompson, M. K., Stolfi, A., & Mischkot, M. (2016). Process chain modeling and selection in an additive manufacturing context. *CIRP Journal of Manufacturing Science and Technology, 12,* 25–34.

Tuck, C., Hague, R., & Burns, N. (2007). Rapid manufacturing – Impact on supply chain methodologies and practice. *International Journal of Services and Operations Management, 3*(1), 1–22.

Vasilash, G. S. (2014). On additive. *Automotive Design & Production, Juni,* 36–37.

Webster, G. (2013). *Dawn of a revolution – How 3D printing will reshape the world.* http://www.edition.cnn.com/TECH/specials/make-create-inovate/3d-printing. Zugegriffen: 15. Dez. 2016.

Ziegenbein, R. (2014). Die grundprinzipien der schlanken Fertigung. In R. Ziegenbein (Hrsg.), *Handbuch Lean-Konzepte für den Mittelstand* (S. 1–12). Münster: Fachhochschule Münster University of Applied Sciences – Hochschulbibliothek.

Zollondz, H.-D. (2013). *Grundlagen Lean Management: Einführung in Geschichte, Begriffe, Modelle, Techniken sowie Implementierungs- und Gestaltungsansätze eines modernen Managementparadigmas.* München: Oldenbourg Wissenschaftsverlag.

Forschungsmethodik 2

Das vorliegende Buch basiert auf einer Literaturanalyse (sog. Desk Research) als Methode der qualitativen Forschung.[1] Dafür wurden Monografien, Beiträge in Sammelwerken, Studien, Journalbeiträge sowie Veröffentlichungen in Zeitungen und Informationen wissenschaftlicher Institutionen sowie Firmen im Internet herangezogen. Ein Experteninterview mit einem Druckdienstleister ergänzte die literaturbasierten Erkenntnisse.

Viele wissenschaftliche Texte gehen gar nicht oder nur in einem geringen Maße auf die Art und Weise der Literaturrecherche und -analyse ein. Diese ist jedoch nachvollziehbar darzulegen, damit der Leser über die Tauglichkeit der Quellen urteilen kann. Dabei ist zum einen zu erörtern, welche Suchbegriffe und Datenbanken ausgewählt und welche Quellen aus diesen Suchergebnissen schließlich verwendet wurden. Zum anderen ist darzustellen, wie reproduzierbar und nachhaltig (und somit belastbar) die Literaturanalyse ist. Abb. 2.1 fasst das an vom Brocke et al.[2] angelehnte Vorgehen der Literaturanalyse zusammen.

In der ersten Phase wurden Art und Umfang der Literaturrecherche festgelegt. Die Taxonomie nach Cooper stellt eine erste grobe Gliederung des zu erstellenden Reviews dar (vgl. Abb. 2.2).

Der Fokus bezeichnet die Art der Quellen, die mit der Recherche analysiert werden. Hier liegt der Fokus auf den Forschungsergebnissen und der praktischen Anwendung der Forschung. Primäres Ziel war die Integration. Diese zielt auf die Generalisierbarkeit der Aussagen, die Aufarbeitung der Widersprüche in der bestehenden Literatur und die Entwicklung sprachlicher Brücken für ein einheit-

---

[1]Vgl. Töpfer (2012), S. 241.
[2]Vgl. vom Brocke et al. (2009), S. 8.

© Springer Fachmedien Wiesbaden GmbH 2017
C. Feldmann und A. Gorj, *3D-Druck und Lean Production,*
DOI 10.1007/978-3-658-18408-7_2

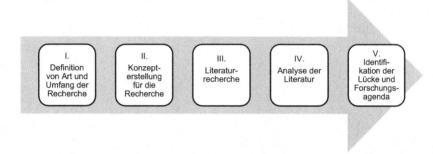

Abb. 2.1 Vorgehen für die Literaturanalyse. (Eigene Darstellung angelehnt an vom Brocke et al. (2009), S. 8. Abweichend zur hier gewählten Darstellungsform wählen vom Brocke et al. einen Kreislauf, weil es sich bei dem Ergebnis einer Literaturrecherche nicht um ein statisches Ergebnis handelt, sondern um ein sich durch Neuerscheinungen wandelndes Ergebnis.)

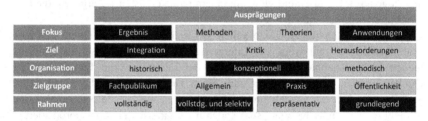

Abb. 2.2 Einordnung der Analyse in die Taxonomie nach Cooper

liches Verständnis zu den Fragestellungen. Die Organisation des Reviews erfolgte vor allem konzeptionell. Die Zielgruppe beschreibt den Leserkreis und definiert somit Inhalt und Tiefgang des Reviews. Hier ist vor allem das Fachpublikum sowohl in der Wissenschaft als auch in der Unternehmenspraxis angesprochen. Der Rahmen des Reviews ist als vollständig und selektiv zu charakterisieren, d. h., dass nach einer vollumfänglichen Suche im Review eine Beschränkung auf das Wesentliche erfolgte. Aufgrund der Fragestellung wurde ebenso grundlegende Literatur analysiert, d. h. vor allem Standardwerke und für die Themenstellung bedeutende Literatur.

Die zweite Phase schaffte einen Überblick über die Quellenlage. Hier waren vor allem die Quellen zu untersuchen, die am wahrscheinlichsten relevante Informationen zum Thema enthalten. Die Suche beschränkte sich auf ausgewählte Monografien und Journale, anhand derer der Umfang des Themas erfasst wurde. Ziel war ein Konzept, welches als Vorbereitung der eigentlichen Literaturrecherche in Phase Drei diente. In Phase Drei wurde die Suche auf Datenbanken ausgeweitet. Mittels der in der zweiten Phase identifizierten Keywords und einer gezielten vorwärts- und rückwärtsgerichteten Recherche wurde das Thema in seinem vollen Umfang erfasst. Bei der sog. vorwärts gerichteten Recherche wurden Quellen analysiert, welche die relevante Quelle zitiert haben. Bei der rückwärtsgerichteten Recherche hingegen wurden Quellen untersucht, die von der relevanten Quelle zitiert wurden. Tab. 2.1 bietet einen Überblick über die genutzten Suchbegriffe, Suchbegriffkombinationen und Datenbanken.

Tab. 2.1 Suchwörter und Datenbanken

Suchbegriffe Lean-Management	Suchbegriffe 3D-Druck	Datenbanken
Lean Management	3D-Druck	Wiso
Lean Production	Additive Fertigung	Business Source Premier
Lean Manufacturing	Additive Produktion	Emerald Management
Kontinuierlicher Verbesserungsprozess	Additive Manufacturing	Science Direct
KVP	Additive Production	
Continuous Improvement	Rapid Manufacturing	
Quality Management	Rapid Prototyping	
Qualitätsmanagement	3D Printing	
SMED	Three dimensional printing	
Change over	Three dimensional manufacturing	
Umrüst*	Three dimensional production	
Rüstkosten	Schichtbau*	
Toyota Production System, TPS	Layer-based Technology	
Toyota Produktionssystem	Layer Manufacturing	
Durchlaufzeit		
Lead time		
Cycle time		

Die vierte Phase diente der Analyse der recherchierten Ergebnisse. Es galt zu ermitteln, welche Quellen für die Fragestellung relevant sind. Insgesamt wurden 198 Veröffentlichungen als relevant identifiziert und weiter analysiert. Der nächste Schritt war die Interpretation der Quellen sowie das Ermitteln des Aufbaus und der Zusammenhänge der Rechercheergebnisse.

In der fünften Phase wurde eine Forschungsagenda erstellt, welche die Lücken der Forschung aufzeigt. Eine Analyse des 3D-Drucks im Hinblick auf die Vereinbarkeit der Merkmale dieses Fertigungsverfahrens mit den Prinzipien und Werkzeugen der Lean Production wurde bislang nicht veröffentlicht und stellt somit eine **Forschungslücke** dar. Bislang erfolgte nur in der Veröffentlichung von Tuck/Hague/Burns (2007) eine rudimentäre Zusammenführung der beiden Themengebiete 3D-Druck und Lean.

Die Literaturanalyse diente zum einen dazu, ein grundlegendes Verständnis über die Inhalte der Lean Production sowie des 3D-Drucks bzw. additiver Fertigungsverfahren zu erlangen. Zum anderen zielte sie darauf ab, spezifische Charakteristika sowie Vor- und Nachteile des 3D-Drucks aufzudecken, um diese in einen Zusammenhang zur Lean Production zu setzen. Ein Experteninterview mit einem 3D-Druckdienstleister (Fa. Urbanmaker in Münster) ergänzte die Literaturanalyse.[3] Hierbei handelte es sich um ein systematisierendes Experteninterview (Primäranalyse), um zusätzliches Sachwissen[4] sowie einen aktuellen Realitätsbezug[5] zu gewinnen. Insofern basieren die Ergebnisse im Wesentlichen auf einer Sekundäranalyse bestehender Literatur.

Das folgende Kapitel vermittelt als theoretischer Bezugsrahmen für die Beantwortung der Forschungsfrage Grundlagen zu 3D-Druck, Produktionssystemen und Lean Production.

---

[3]An dieser Stelle sei Herrn Juri Boos von der Firma Urbanmaker in Münster für seine Unterstützung gedankt. (www.urbanmaker.de).

[4]Vgl. Bogner/Littig/Menz (2014), S. 24.

[5]Vgl. Töpfer (2012), S. 56.

Literatur

Bogner, A., Littig, B., & Menz, W. (2014). *Interviews mit Experten: Eine praxisorientierte Einführung*. Wiesbaden: Springer VS.

Brocke, J. M. H. vom, et al. (2009). *Reconstructing the giant: On the importance of rigour in documenting the literature search process*. Proceedings of the 17th European Conference on Information Systems, Verona, S. 2206–2217.

Töpfer, A. (2012). *Erfolgreich Forschen: Ein Leitfaden für Bachelor-, Master-Studierende und Doktoranden* (3. Aufl.). Wiesbaden: Springer Gabler.

Tuck, C., Hague, R., & Burns, N. (2007). Rapid manufacturing – Impact on supply chain methodologies and practice. *International Journal of Services and Operations Management, 3*(1), 1–22.

Grundlagen zu 3D-Druck, Produktionssystemen und Lean Production

3

Abschn. 3.1 schafft ein gemeinsames Verständnis für den 3D-Druck im Hinblick auf Begriffe, Funktionsweise, Anwendungsbereiche sowie Nutzen und Grenzen additiver Fertigungsverfahren. Abschn. 3.2 definiert den Begriff und die Eigenschaften eines schlanken Produktionssystems. Abschn. 3.3 greift den Aspekt der „Schlankheit" auf und erläutert die Termini, Prinzipien und Methoden der Lean Production.

3.1 3D-Druck

Zunächst ist 3D-Druck als Begriff zu definieren und als Fertigungsverfahren zu klassifizieren (Abschn. 3.1.1). Nach einer Vorstellung der Anwendungsbereiche, Anwendergruppen und Werkstoffe (Abschn. 3.1.2) werden verschiedene additive Fertigungsverfahren und der Druckprozess dargestellt (Abschn. 3.1.3). Zur Vorbereitung einer Investitionsentscheidung sind Nutzen und Grenzen aktuell verfügbarer Druckverfahren zu diskutieren (Abschn. 3.1.4 bzw. 3.1.5) und die Integration des 3D-Drucks als Element der Fertigungsstrategie zu erörtern (Abschn. 3.1.6).

3.1.1 Begriffsbestimmung

Im Folgenden ist der 3D-Druck als Klasse von Fertigungsverfahren einzuordnen, der Begriff zu definieren und die Integration in den Produktentstehungsprozess darzustellen. Im angloamerikanischen Sprachraum findet sich vielfach die einfache **Klassifizierung von Fertigungsverfahren** in formative, subtraktive und

© Springer Fachmedien Wiesbaden GmbH 2017
C. Feldmann und A. Gorj, *3D-Druck und Lean Production,*
DOI 10.1007/978-3-658-18408-7_3

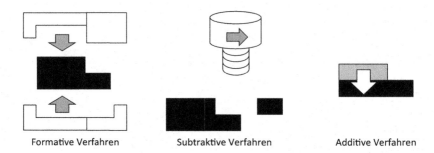

Formative Verfahren   Subtraktive Verfahren   Additive Verfahren

Abb. 3.1 Formative, subtraktive und additive Fertigungsverfahren. (Eigene Darstellung in Anlehnung an Chua/Leong (2015), S. 19)

additive Verfahren (vgl. Abb. 3.1).[1] **Formative Verfahren** basieren auf dem Einsatz mechanischer Kraft formgebender Werkzeuge, um ein Ausgangsmaterial in eine definierte Form zu bringen. Beispiele sind Spritzgießen, Schmieden oder Tiefziehen. Bei **subtraktiven Verfahren** ist das Ursprungsmaterial ein solider Block, dessen Material bis zum Erreichen der gewünschten Form durch Werkzeuge mechanisch abgetragen wird. Beispiele sind Drehen, Fräsen oder Bohren. **Additive Verfahren,** denen der 3D-Duck zuzuordnen ist, zeichnen sich dadurch aus, dass das Material im Gegensatz zu subtraktiven Verfahren nicht abgetragen, sondern die Geometrie aus einzelnen Schichten sukzessive aufgebaut wird.[2] Die im deutschen Sprachraum übliche, sehr differenzierte Klassifizierung der Fertigungsverfahren nach DIN 8580 ist für die Einordnung des 3D-Drucks nur bedingt geeignet.[3]

Der **Begriff 3D-Druck** ist ein Überbegriff für verschiedene Technologien bzw. additive Fertigungsverfahren, bei denen dreidimensionale Objekte aus einem oder mehreren Materialien schichtweise mittels physikalischer oder chemischer Schmelz- oder Härtungsverfahren aufgebaut werden.[4] Entscheidendes

---

[1]Vgl. z. B. Burns (1993).
[2]Vgl. Kumar et al. (1998), S. 1; Thompson/Foley (2014), S. 177.
[3]Vgl. DIN 8580 (2003). Ebenso Gebhardt (2016), S. 1 bzw. 93, der als grundsätzliche Zuordnung die Hauptgruppe 1 der DIN 8580 vorschlägt: Zusammenhalt schaffen oder Urformen.
[4]Vgl. Bogue (2013), S. 307; Gebhardt (2016), S. 2 f.; Gibson/Rosen/Stucker (2015), S. 2; Salonitis/Al Zarban (2015), S. 193.

Merkmal ist der **schichtweise (additive) Aufbau,** bei dem durch Hinzufügen, Auftragen und Ablagern von Material anhand eines digitalen CAD-Modells ein physisches Objekt erzeugt wird. Dafür sind keine produktspezifischen Werkzeuge erforderlich.[5] Die mechanisch-technischen Eigenschaften des Objekts entstehen simultan zur Erstellung der Geometrie. Das virtuelle Modell auf Basis der digitalen 3D-CAD-Daten wird direkt bzw. relativ „nahtlos" in ein physisches Bauteil umgesetzt („What You See Is What You Build", WYSIWYB).[6]

Als **Synonyme** werden vielfach die Begriffe additive Fertigungsverfahren, Additive Manufacturing (AM), Rapid-Technologien, generative Fertigungsverfahren und 3D Printing verwendet.[7] Dabei ist der Begriff 3D Printing als Gattungsbegriff ungeeignet, weil er ein spezifisches 3D-Druckverfahren, das sog. Pulver-Binder-Verfahren, bezeichnet.[8]

Die von Charles Hull 1984 patentierte Stereolithografie ist der **Ursprung** des 3D-Drucks.[9] Die Anzahl an neu angemeldeten Patenten nimmt stetig zu, wobei gleichzeitig viele bestehende Patente auslaufen.[10] Der dadurch bedingte Preisverfall begünstigte die zunehmende Verbreitung des 3D-Drucks in den letzten Jahren.[11] Neben den sinkenden Anschaffungskosten fördern steigende Baugeschwindigkeit, Zuverlässigkeit und Genauigkeit diese Entwicklung.[12]

Die **Druckverfahren** sind durch eine große Vielfalt gekennzeichnet, sowohl im Hinblick auf das Drucken an sich als auch im Hinblick auf die verwendeten Materialien.[13] Stark vereinfacht lassen sich zwei Verfahrensgruppen unterscheiden.

---

[5]Vgl. hierzu und im Folgenden Gebhardt (2016), S. 3.

[6]Vgl. Gebhardt (2016), S. 8, 24; Gibson/Rosen/Stucker (2015), S. 9.

[7]Vgl. Berger/Hartmann/Schmid (2013), S. 3; Campbell/Bourell/Gibson (2012), S. 255; Gibson/Rosen/Stucker (2015), S. 1; Wohlers/Caffrey (2015), S. 16. Genormt sind die beiden Begriffe Additive Fertigungsverfahren (vgl. VDI 3405 (2013)) und Additive Manufacturing (vgl. ISO/ASTM 52900: 2015). Weniger gebräuchliche Termini sind Automated Fabrication, CAD Oriented Manufacturing, Direct CAD Manufacturing, Desktop Manufacturing, Layer Manufacturing, Material Addition Manufacturing, Material Deposit Manufacturing, Material Incress Manufacturing, Solid Freeform Fabrication und Solid Freeform Manufacturing. Vgl. Chua/Leong (2015). Zu einer Diskussion zu Hintergrund und Zweck der verschiedenen Begriffe vgl. Gibson/Rosen/Stucker (2015), S. 7.

[8]Vgl. Gebhardt (2016), S. 3.

[9]Vgl. Gibson/Rosen/Stucker (2015), S. 20, 37.

[10]Vgl. Gao et al. (2015), S. 81.

[11]Vgl. Schreier (2015), S. 33, Interviewantwort von Patron, C.

[12]Vgl. Lachmayer/Lippert (2016), S. 1.

[13]Vgl. hierzu und im Folgenden Feldmann/Pumpe (2016), S. 6.

Bei der ersten Verfahrensgruppe „Heißklebepistole" trägt der Druckkopf dünnste Schichten z. B. aus geschmolzenem Kunststoff auf: Mit jeder Schicht wächst das Werkstück in die Höhe. Bei der zweiten Verfahrensgruppe „Sandkasten" ist die Ausgangsbasis ein z. B. mit Metallpulver gefülltes Gefäß. Bei einigen Varianten dieses Verfahrens fährt der Druckkopf ähnlich wie bei einem Tintenstrahldrucker über das Pulverbett und trägt flüssiges Bindemittel auf, sodass das Material an den gewünschten Stellen „verklebt" wird; danach wird die nächste Schicht aufgetragen. Eine andere Variante zum schichtweisen Aufbau eines Objekts ist das punktgenaue Beschießen von Pulver oder Flüssigkeit mit einem Lichtstrahl zum Härten von lichtempfindlichen Polymeren oder mit einem Laser- oder Elektronenstrahl zum Schmelzen z. B. von Metallen. Durch das Aushärten bzw. Schmelzen wird so aus immer wieder neu aufgetragenen Schichten ein dreidimensionales Objekt geformt. Die Basis dafür ist ein dreidimensionales digitales Modell des Objekts.

Für die **Klassifizierung der Druckverfahren** steht eine Vielzahl von Ansätzen zur Verfügung. Tab. 3.1 bietet eine Systematisierung auf Basis der Kriterien Ausgangsmaterial und Fertigungsprinzip.[14] Die Vielfalt der Bezeichnungen der teilweise technisch vergleichbaren Verfahren resultiert aus der Vielzahl an Herstellern und Patenten. Die hier aufgeführten Verfahren werden laufend durch neue ergänzt, bei denen es sich allerdings zumeist um Varianten bereits bekannter Verfahren handelt. Für detaillierte Erläuterungen der verschiedenen Druckverfahren sowie deren jeweiligen Vor- und Nachteile sei auf die einschlägigen Publikationen verwiesen.[15]

Alternativ können weit verbreitete Druckverfahren nach dem Kriterium des Aggregatzustands des Ausgangsmaterials systematisiert werden (vgl. Tab. 3.2).[16] Dabei sind Verfahren, die sich noch in der Entwicklung befinden, nicht aufgeführt.

3D-Druckverfahren weisen Gemeinsamkeiten mit CNC-Maschinen[17] auf: Computer und Mikrocontroller überwachen die Systemvariablen und steuern die Aktoren (Antriebselemente) bzw. die maschinelle Erstellung der physischen Objekte. Im Folgenden ist der **3D-Druck im Vergleich zu CNC-Maschinen**

---

[14]Vgl. Feldmann/Pumpe (2016), S. 6.

[15]Vgl. z. B. Chua/Leong (2015); Fastermann (2016); Gebhardt (2016); Gibson/Rosen/Stucker (2015); Hagl (2015); Leupold/Glossner (2016); Srivatsan/Sudarshan (2015).

[16]Vgl. Gebhardt (2016), S. 47 ff.

[17]Das Akronym CNC steht für Computerized Numerical Control und bezeichnet die rechnergestützte Steuerung von Werkzeugmaschinen.

Tab. 3.1 Überblick über Druckverfahren, Prinzipien und Materialien. (Vgl. Feldmann/
Pumpe (2016), S. 6.)

Gruppe	Basis	Prinzip	Druckverfahren (Beispiele)	Materialien (Beispiele)
Schmelz-schichtung	Geschmolzene Materialien	**Schmelz-schichtung**	Fused Deposition Modeling (FDM) Fused Filament Fabrication (FFF) Fused Layer Mode-ling (FLM) Layer Plastic Depo-sition (LPD)	Kunststoffe (z. B. ABS, PLA, Nylon, PET, ASA, POM, PP) und Kunststoff-mischungen (z. B. Holz, Stein, Karbon, Kupfer)
Aushärten	Flüssige Mate-rialien	**Druckkopf**	PolyJet (PJM) Multi-Jet Modeling (MJM) Wachsdruck (3DWP)	Kunstharze, UV-sensitive Flüssigkunst-stoffe, Wachs
		Stereolithogra-phie mit Laser	Stereolithographie (STL, SLA)	Kunstharze, lichtempfind-liche Flüssig-kunststoffe, Epoxidharze, Elastomere, Acrylate
		Stereolithogra-phie mit Maske	Digital Light Pro-cessing (DLP) Film Transfer Ima-ging (FTI)	
Aufschmelzen	Pulver	**Sintern**	Selektives Lasersin-tern (SLS) Selective Heat Sin-tering (SHS)	Kunststoffe, Metalle, Legierungen, Keramik
		Schmelzen	Selektives Laser-schmelzen (SLM) Elektronenstrahl-schmelzen (EBM)	
Verkleben	Pulver, Papier	**Schichten Ver-kleben Cutting**	Laminated Object Modeling (LOM) Layer Laminated Manufacturing (LLM) 3DP, PLT	Gips Papier
Sonderformen	Div.	**Diverse**	Contour Crafting (CC) etc.	Beton, Wachs, Teig, Silikon, Schokolade, Weingummi

Tab. 3.2 Systematisierung der 3D-Druckverfahren nach Aggregatzuständen des Ausgangsmaterials. (Eigene Darstellung in Anlehnung an Gebhardt (2016), S. 47; Salonitis/Al Zarban (2015), S. 195)

Generieren aus der flüssigen Phase	Generieren aus der festen Phase	Generieren aus der Gasphase
• Verfestigung, vorzugsweise durch Polymerisation flüssiger oder teigiger Materialien: **Laser- oder lampengestützte Stereolithographie, Polymerdrucken**	• An- und Aufschmelzen und Verfestigen von Pulvern/ Pulvermischungen / **Granulaten: Sinter- und Schmelzverfahren**	• Physikalisches Abscheiden aus **Aerosolen**
	• Ausschneiden oder Ausfräsen von Folien / Bändern / Platten: **Schicht-Laminat-Verfahren**	• Chemisches Abscheiden aus der **Gasphase**
	• An- oder Aufschmelzen und Verfestigen von festen Materialien: **Extrusionsverfahren**	
	• Verkleben von Granulaten / Pulvern durch Binder: **3D Printing-Verfahren**	

unter den Aspekten Material, Geschwindigkeit, Komplexität, Geometrie und Programmierung zu beleuchten bzw. abzugrenzen. Daraus ergeben sich Anhaltspunkte, für welche Fertigungsstufen bzw. Bauteile welches Verfahren besonders geeignet ist.[18] CNC-Maschinen eignen sich insbesondere für harte, spröde **Materialien** wie z. B. Stahl und andere Metalllegierungen, bei denen die Anforderungen an die Genauigkeit der Dimensionen und andere Eigenschaften sehr hoch sind. Dabei zeichnen sich die mit CNC-Maschinen gefertigten Objekte vor allem durch voraussagbare Qualität und exakte Reproduzierbarkeit bei großer Stückzahl (Homogenität) aus. Demgegenüber ist beim 3D-Druck die exakte Reproduzierbarkeit der gefertigten Objekte nur eingeschränkt gegeben.[19] Zudem können diese in Abhängigkeit der Parameter des Bauprozesses unerwünschte Hohlräume oder Anisotropie, d. h. eine unterschiedliche Qualität in der Schicht- und Baurichtung im Hinblick auf Genauigkeit und Oberflächenbeschaffenheit, aufweisen. Die **Geschwindigkeit** einer leistungsfähigen CNC-Maschine beim subtraktiven Abtragen von Material ist generell höher als die eines 3D-Druckers, der ein vergleichbares Materialvolumen additiv aufbaut. Jedoch ist im Hinblick auf die gesamte Prozesszeit anzumerken, dass ein 3D-Druck in der Regel einstufig erfolgen kann und mehrere Bauteile in einer Baugruppe nicht separat gefertigt und

---

[18]Vgl. im Folgenden in enger Anlehnung Gibson/Rosen/Stucker (2015), S. 10 ff.

[19]Vgl. die empirische Studie von Feldmann/Pumpe (2016a).

ggf. montiert werden müssen, sondern sich „in einem Zug" drucken lassen (Funktionsintegration, vgl. Abschn. 3.1.4).

CNC-Maschinen erfordern im Vergleich zu 3D-Druckmaschinen einen beträchtlichen Aufwand für die Prozessplanung und das Einrichten, insbesondere für Objekte mit komplexer Geometrie. Vielfach folgen CNC-Maschinen einem mehrstufigen Fertigungsprozess, um z. B. die Positionierung des Werkstücks zu ändern oder Werkzeuge zu wechseln. Im Hinblick auf die **Komplexität** ist festzustellen, dass die Vorteilhaftigkeit des 3D-Drucks gegenüber CNC mit der Komplexität des Bauteils tendenziell steigt. 3D-Druck benötigt keine Werkzeuge bzw. Werkzeugwechsel. Zudem sind Hinterschnitte und interne Strukturen ohne komplexe Prozessplanung wie bei CNC-Maschinen zu generieren. Durch die Funktionsintegration sind beim 3D-Druck vergleichsweise weniger Bauteile für ein bestimmtes Objekt zu drucken. Einfache **Geometrien** wie Zylinder, Quader oder Konus sind mit CNC-Maschinen relativ einfach mit Hilfe von Verbindungspunkten herzustellen, sofern diese Punkte in ausreichender Entfernung zueinander liegen und die Einregelung des Werkzeugs sich nicht ändert. Demgegenüber sind Freiformflächen sehr schwierig mit CNC-Maschinen zu fertigen, da in diesem Fall die Verbindungspunkte sehr eng beieinander liegen und die Ausrichtung des Werkzeugs häufig geändert werden muss. Hinterschnitte, Einfassungen etc. sind ggf. nur bis zu einer bestimmten Grenze realisierbar.

Die **Programmierung** einer CNC-Maschine ist aufwendig im Hinblick auf Werkzeugauswahl, Anfahrposition und -winkel, Geschwindigkeit etc. Im Vergleich dazu sind die Parameter eines 3D-Druckers im Hinblick auf Komplexität und Auswirkungen der Parametrisierung überschaubar. Zudem erfordern CNC-Maschinen in der Regel maschinen- bzw. steuerungsspezifische Datensätze.[20] Demgegenüber nutzen alle aktuell verfügbaren 3D-Drucker STL (bzw. den leistungsfähigeren, kompatiblen Nachfolger AMF) als universell zu verarbeitendes Datenformat. Zusammenfassend ist festzuhalten, dass für einfache Geometrien, die mit einem Werkzeug bzw. einer Ausrichtung zu fertigen sind, die CNC-Maschine vielfach die schnellere und wirtschaftlichere Wahl ist.[21] Bei komplexen Geometrien hingegen oder Bauteilen, bei denen ein großer Anteil des Materialeinsatzes mechanisch abgetragen und verschrottet würde, ist der 3D-Druck unter den Aspekten Zeit und Kosten häufig günstiger.

---

[20]Vgl. Gebhardt (2016), S. 25.
[21]Vgl. ebenda, S. 28.

3.1.2 Anwendungen

Im Folgenden sind die Anwendungsbereiche, die Werkstoffe und die Anwendergruppen des 3D-Drucks vorzustellen. Zudem ist die Integration des 3D-Drucks in den Lebenszyklus eines Bauteils bzw. eines Produkts zu erörtern.

Die **Anwendungsbereiche** des 3D-Drucks sind vielfältig.[22] Sie reichen z. B. von Präsentations- und Funktionsmodellen, künstlerischen Objekten, Ersatzteilen, Gussformen bis hin zur (Klein-)Serienproduktion. Branchen, die sich vor allem aufgrund der Individualisierbarkeit der Produkte und der Gewichtsreduktion durch interne Wabenstrukturen für den 3D-Druck eignen, sind u. a. Luftfahrt-, Automobil-, Bekleidungs- und Schuhindustrie, Medizintechnik (Bioprinting, Hörgeräteschalen, Implantate und Orthopädie), Ersatzteile, Nanotechnologie, Werkzeugbau, Gießereiwesen, Architektur, Kunst, Möbel-, Schmuck- und Lebensmittelindustrie sowie sonstige Konsumgüter.[23] 3D-Druck eignet sich insbesondere für die Fertigung von Produktportfolios, die durch eine hohe Variantenvielfalt bei einer relativ geringen Stückzahl je Variante gekennzeichnet sind. Ein hoher monetärer Wert der Objekte als auch die Komplexität des Designs können weitere Merkmale sein, die auf die Eignung eines additiven Fertigungsverfahrens hindeuten.

Die Einsatzmöglichkeiten des 3D-Drucks nehmen durch laufende Verbesserungen der Technologie im Hinblick auf Qualität und Druckgeschwindigkeit bei gleichzeitig sinkenden Kosten stetig zu.[24] Neue **Werkstoffe** kommen laufend hinzu: Gips, (Hochleistungs)Keramiken, Kunststoffe, Glas, Holzverbindungen, Lebensmittel, Metalle und Legierungen, organische Materialien etc.[25]

Die **Anwendergruppen** lassen sich in Endkunden und professionelle Nutzer einteilen.[26] Endkunden erwerben oder bauen sich einen eigenen Drucker, sodass der Endkunde die Rolle des Herstellers übernimmt. Die Anwendungen reichen hier vom Modellbau über personalisierte Gebrauchsgegenstände bis zur Kunst. Der professionelle Bereich lässt sich in visionäre Anwendungen (z. B. Mahlzeiten für die Raumfahrt, Häuser) und industrielle Anwendungen differenzieren. Unter die industriellen Anwendungen fallen die Unterstützung der Produktentwicklung

---

[22]Vgl. Baumers et al. (2016), S. 200.

[23]Vgl. Chua/Leong (2015), S. 355 ff.; Gebhardt (2016), S. 505 ff.; Gibson/Rosen/Stucker (2015), S. 451 ff.; Hagl (2015), S. 42 ff.; Leupold/Gossner (2016), S. 6 ff.; Schreier (2015), S. 33; Srivatsan/Sudarshan (2015), S. 32 ff.; Wohlers/Caffrey (2015), S. 22, 27 f., 185.

[24]Vgl. Gibson/Rosen/Stucker (2015), S. 3.

[25]Vgl. Feldmann/Pumpe (2016), S. 7.

[26]Vgl. hierzu und im Folgenden Lachmayer/Lippert (2016), S. 1.

und das Drucken von Objekten, die selbst als Endprodukt verwendet werden oder zusammen mit anderen Komponenten als Baugruppe montiert werden. Das vorliegende Buch fokussiert ausschließlich den industriellen Kontext. Im Hinblick auf die **Integration des 3D-Drucks in den Lebenszyklus eines Bauteils bzw. eines Produkts** lassen sich vier grundlegende Ausprägungen unterscheiden:[27]

Rapid Prototyping Das additive Herstellen von Prototypen und Modellen bzw. Bauteilen mit eingeschränkter Funktionalität (ohne Produktcharakter), deren spezifische Merkmale jedoch zum Testen ausreichend gut ausprägt sind.

Rapid Tooling Das additive Herstellen von Werkzeugen, Werkzeugkomponenten und -einsätzen, Lehren, Formen oder Formeinsätzen. Synonym wird der Begriff Direct Tooling verwendet.

Rapid Manufacturing Das additive Herstellen von Endprodukten bzw. Bauteilen für Endprodukte, z. B. für Kleinserien. Als Synonym ist der Begriff Direct Manufacturing gebräuchlich.[28]

Rapid Repair Der materialauftragende Prozess zur Instandhaltung oder Reparatur abgenutzter Komponenten. Zudem Re-Engineering von Bauteilen mittels 3D-Scan, für die keine Lieferquellen mehr existieren.

Somit sind additive Fertigungsverfahren sowohl im Entwicklungs- und Fertigungsprozess (Produktentstehungsprozess, PEP) als auch im Bereich After Sales einsetzbar (vgl. Abb. 3.2).[29] 3D-Druck ist insbesondere dazu prädestiniert, den Produktentstehungsprozess zu beschleunigen und dabei Kosten zu senken: **Rapid Prototyping** kann in der Konzeptions- bzw. Entwicklungsphase zum Einsatz kommen, um Design-, Geometrie- oder Funktionsprototypen bzw. Modelle zu erstellen.[30] Dabei kann sowohl der Fit der Bauteil-Dimensionen zum Gesamtsystem validiert werden als auch ein erster Eindruck unter ästhetischen Gesichtspunkten erlangt werden. Die Vorteile des Einsatzes von Rapid Prototyping in der

---

[27]Vgl. hierzu und im Folgenden Gebhardt (2016), S. 6 ff.; Lachmayer/Lippert (2016), S. 6.

[28]Die Begriff Direct Manufacturing wird hier als Synonym verstanden. Anders Gebhardt (2016), S. 458 f. Vgl. ebenda für weitere Synonyme.

[29]Vgl. Lachmayer/Lippert (2016), S. 7.

[30]Vgl. Gibson/Rosen/Stucker (2015), S. 3; Naitove (2014), S. 50 f. Zu einer Vertiefung vgl. ebenda, S. 437 ff.; Gebhardt (2016), S. 345 ff.

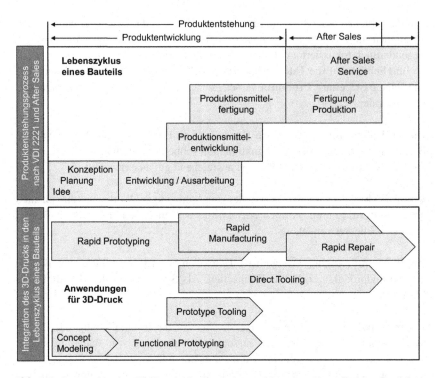

Abb. 3.2 Integration des 3D-Drucks in den Lebenszyklus eines Bauteils bzw. Produkts. (Eigene Darstellung in Anlehnung an Gebhardt (2016), S. 14; VDI 2221; erweitert um den Bereich After Sales, abstrahiert vom Direct Manufacturing.)

Produktentwicklung umfassen reduzierte Entwicklungszeit (time-to-market) und -kosten durch den frühzeitigen Test von Modellen, verbesserte Interaktion mit den Anwendern und die geometrische Freiheit im Produktdesign.[31]

Additiv erzeugte Werkzeuge oder Formen **(Rapid Tooling)** können z. B. für die Vorserie oder die Serienfertigung eingesetzt werden.[32] Beispiele für die Werkzeugherstellung sind Montagegestelle, Heft- und Spannvorrichtungen, Formbretter, Schablonen sowie Führungsschienen.[33] (Klein)Serien können im

---

[31]Vgl. Srivatsan/Sudarshan (2015), S. 5.

[32]Vgl. Gebhardt (2016), S. 411 ff.

[33]Vgl. D'Aveni (2015), S. 46; Wohlers/Caffrey (2015), S. 27.

Rahmen des **Rapid Manufacturing** direkt hergestellt werden. Insbesondere eröffnet 3D-Druck die Möglichkeit einer wirtschaftlichen Fertigung kleiner Losgrößen stark individualisierbarer und geometrisch komplexer Produkte (vgl. Abschn. 3.1.4). Ansätze des **Rapid Repair** unterstützen den After-Sales-Service im Rahmen der Reparatur oder der Herstellung von Ersatzteilen auf Basis dreidimensionaler digitaler Daten. Gebrauch und äußere Einwirkungen führen bei Komponenten zu Verschleiß, Verformung, Defekten etc. und ggf. zur Verkürzung der Lebensdauer.[34] Eine Reparatur mittels 3D-Druck kann insbesondere bei Bauteilen mit komplexer Geometrie kosteneffizienter und zeitsparender sein als ein Austausch (Abb. 3.2).

Trotz signifikanter Qualitätssteigerungen und des erheblichen Preisverfalls seit Erfindung des 3D-Drucks setzen Unternehmen diese Technologie vor allem beim Rapid Prototyping ein (67 %).[35] 40 % nutzen 3D-Druck, um Werkzeuge und Vorrichtungen zu fertigen (Rapid Tooling). Demgegenüber stellen nur 14 % der Unternehmen verkaufsfähige Produkte bzw. Bauteile für die Produkte mit dieser Technologie her (Rapid Manufacturing).

3.1.3 Druckprozess

Im Folgenden werden acht grundlegende **Prozessschritte** des 3D-Drucks vom digitalen CAD-Modell zum physischen Objekt erläutert (vgl. Abb. 3.3).[36] Beim Rapid Manufacturing zeichnet sich ein Trend weg von „stand-alone" Druckmaschinen und hin zu **integrierten Fertigungsanlagen** ab.[37] Dabei werden Prozessschritte wie Materialmanagement, Baujob-Vorbereitung, Wärmebehandlung, Entfernung des Stützmaterials etc. in einer verketteten Anlage integriert.

1. Erstellung des digitalen 3D-Modells
Zunächst ist – unabhängig vom verwendeten Material und Druckverfahren – festzulegen, wie ein gewünschtes Objekt, Produkt oder Bauteil in fertiger Form aussehen bzw. funktionieren soll. Hierfür ist eine dreidimensionale Computer-Aided Design (CAD)-Datei mit dem 3D-Modell des zu druckenden Objekts zu erstellen.[38]

---

[34]Vgl. Zhgair (2016), S. 58.
[35]Vgl. Hammond (2014).
[36]Struktur des Prozesses in Anlehnung an Gibson/Rosen/Stucker (2015), S. 44 ff.
[37]Vgl. Gebhardt (2016), S. 457.
[38]Vgl. Gibson/Rosen/Stucker (2015), S. 44; ebenso Kurfess/Cass (2014), S. 36.

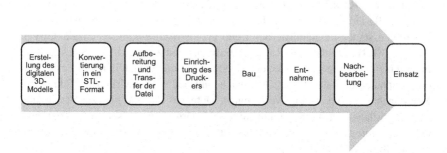

Abb. 3.3 Prozessschritte des 3D-Drucks. (Eigene Darstellung in Anlehnung an Gibson/ Rosen/Stucker (2015), S. 5. Alternativ vgl. das Vorgehensmodell bei Lachmayer/Lippert/ Fahlbusch (2016), S. 9 ff.)

Diese CAD-Geometrie, die als geschlossener Volumenkörper („wasserdicht", d. h. ohne Lücken) vorliegen muss, kann mittels CAD-Software entworfen oder durch Lasermessung bzw. optisches Scanning eines physischen Objekts und „digitales Rekonstruieren" generiert werden.[39] Eine Technologie für das sog. Reverse Engineering von Objekten mit komplexen internen Strukturen ist die Computertomografie (CT), ein bildgebendes Verfahren aus der Medizintechnik, die aus einer Vielzahl aus verschiedenen Richtungen aufgenommenen Röntgenbildern eines Objekts schichtweise Schnittbilder generiert.[40]

2. Konvertierung in ein STL-Format
Die im ersten Schritt erzeugte CAD-Datei wird üblicherweise in ein STL-Format (Standard Triangulation Language bzw. Standard Tesselation Language) überführt, auf Basis dessen der Druck durchgeführt werden kann.[41] Das STL-Format als de-facto Standard beschreibt die Oberfläche dreidimensionaler Körper mit Hilfe von Dreiecksfacetten bzw. Polygonen.[42] Bei Oberflächen, die sehr viele Rundungen aufweisen, erfordert die Abbildung der Oberfläche zahlreiche

---

[39]Vgl. Chua/Leong (2015), S. 4 f., 22; Gibson/Rosen/Stucker (2015), S. 4, 44 f.
[40]Vgl. Gibson/Rosen/Stucker (2015), S. 15 f.
[41]Vgl. Gibson/Rosen/Stucker (2015), S. 45 f.; ebenso Kurfess/Cass (2014), S. 36.
[42]Vgl. Gebhardt (2016), S. 35 ff.; Gibson/Rosen/Stucker (2015), S. 46; Lachmayer/Lippert (2016), S. 10.

Dreiecke, sodass eine STL-Datei für runde Formen entsprechend viel Speicher-platz beansprucht.[43] Ein neuerer Standard, der auf dem STL-Format basiert, ist das Additive Manufacturing File Format (AMF) gem. ISO/ASTM 52915:2013.

3. Aufbereitung der STL-Datei und Transfer zum 3D-Drucker
Bevor der Bau beginnt, ist eine Kontrolle der STL-Datei erforderlich. Es ist zu prüfen, ob die Übertragung korrekt erfolgt ist und das Objekt den Maßgaben in der CAD-Datei entspricht. Hierfür ist im 3D-System vielfach ein Visualisie-rungsprogramm integriert. Die Daten sind auf Konsistenz zu prüfen und ggf. zu reparieren. Ggf. sind aufgrund der Geometrie des Bauteils Stützstrukturen zu berechnen und in das Datenmodell zu integrieren. In diesem Schritt erfolgt sowohl die virtuelle Größenskalierung als auch die Orientierung und Positio-nierung des Objekts bzw. der Objekte im Bauraum.[44] Sollen mehrere gleiche Objekte in einem Zug gedruckt werden, so kann dies durch das Kopieren der STL-Datei erfolgen.[45] Danach werden die Bauparameter zugewiesen und beim sog. Slicing die dreidimensionale Geometrie digital in einzelne Schichten zerlegt, welche im späteren Druck die Schichtstärke abbilden.[46] Diese Schichten bzw. Querschnitte des digitalen Modells formen in ihrer Kombination das physische Objekt. Dabei determiniert die Schichtstärke wesentlich die Maßhaltigkeit und Oberflächenbeschaffenheit. Je dünner die Schichten sind, desto präziser ist das Druckergebnis und desto weniger tritt der sog. „Treppenstufeneffekt" auf.[47]

4. Einrichtung der Maschine
Die Einrichtung der Maschine umfasst die Einstellung der Parameter wie z. B. Temperatur oder Druckgeschwindigkeit und ggf. die Kalkulation fehlender Werte durch die Software.[48] Die Parametereinstellungen bestimmen im folgenden Bau die Qualitätsmerkmale wie z. B. Dichte, Oberflächengenauigkeit oder Kanten-schärfe. Zudem ist das Material in die Maschine zu laden und zu nivellieren. Bei pulverbasierten Verfahren fallen als zusätzliche Aktivitäten das Sieben sowie im Falle der Nutzung von Bauplatten das Einebnen in der Maschine an.[49]

---

[43]Chua/Leon (2015), S. 4.
[44]Vgl. Lachmayer/Lippert (2016), S. 10.
[45]Vgl. Gibson/Rosen/Stucker (2015), S. 47.
[46]Vgl. Kurfess/Cass (2014), S. 36; Lachmayer/Lippert (2016), S. 10.
[47]Vgl. Gebhardt (2016), S. 21 f.; Leupold/Gossner (2016), S. 29.
[48]Vgl. ebenda.
[49]Vgl. Gibson/Rosen/Stucker (2015), S. 47 f.; Lachmayer/Lippert (2016), S. 10.

5. Bau

Im eigentlichen Bauprozess, d. h. der physikalischen Fertigung des Bauteils, werden computergestützt Schichten des Materials in x- und y-Richtung aufgebracht und ausgehärtet, um das Objekt zu generieren. Die meisten Maschinen besitzen einen beweglichen Baugrund oder Extruderkopf, sodass unterschiedliche Höhen (z-Richtung) gedruckt werden können. Je nach Geometrie des zu druckenden Objekts sind zur Stabilisierung Stützen notwendig, die ebenso vom 3D-Drucker erzeugt werden.[50] Der eigentliche Bau erfolgt in zwei Schritten: Erstens der Druck der einzelnen Schichten und zweitens das Verbinden der jeweiligen Schichten miteinander. Dieser Prozess kann in Abhängigkeit vom Verfahren gleichzeitig oder nacheinander erfolgen.[51] Der Zeitbedarf für den Bauprozess wird durch die Geometrie des Bauteils, die Qualitätsanforderungen an das Bauteil (z. B. Dichte, Oberflächenbeschaffenheit) und die Genauigkeit des Druckverfahrens determiniert.[52]

6. Entnahme

Nach Beendigung des Bauprozesses ist das Bauteil zur Entnahme aus der Druckmaschine von der Bauplattform zu lösen und ggf. überschüssiges Material aus der Maschine zu entfernen.[53] Ggf. ist eine Wartezeit vor der Entnahme zu berücksichtigen, um das Abkühlen oder Aushärten des Objekts zu ermöglichen.

7. Nachbearbeitung des Bauteils

Nachdem das Bauteil aus dem Drucker entfernt wurde, kann es entweder im gebrauchsfertigen Zustand sein oder eine Nachbearbeitung erfordern. Diese kann u. a. Reinigen, Lackieren, Polieren, Schleifen oder eine thermische bzw. chemische Behandlung beinhalten.[54] Beim Großteil der Druckverfahren ist Stütz- oder Supportmaterial erforderlich, sofern das Objekt nicht in ein Pulverbett „hineingedruckt" wird.[55] Dieses Material ist vom Bauteil nach dem Druck manuell bzw. mechanisch zu entfernen. Weitere Gründe für die Nachbearbeitung sind (in

---

[50]Vgl. ebenda, S. 48.
[51]Vgl. Gebhardt (2016), S. 46.
[52]Vgl. Lachmayer/Lippert (2016), S. 10.
[53]Vgl. Gibson/Rosen/Stucker (2015), S. 6.
[54]Vgl. Chua/Leoang (2015), S. 26 f.; Gibson/Rosen/Stucker (2015), S. 49.
[55]Vgl. Fastermann (2016), S. 19.

Abhängigkeit vom gewählten Druckverfahren) mangelnde Druckgenauigkeit, Abweichungen in der Oberflächenbeschaffenheit oder Veredelung, z. B. in Form einer anderen Farbgebung.[56] Ggf. ist das Objekt thermisch nachzubearbeiten, um Spannungen zu minimieren und das Material zu homogenisieren.[57]

8. Einsatz
Im Anschluss an die Nachbearbeitung sind die Objekte fertig zum Ge- oder Verbrauch.[58] Diese müssen in einem letzten Schritt von der Produktion zum Kunden gelangen. Kunden können interne oder externe Endverbraucher sowie Unternehmen sein, welche die gedruckten Objekte als Bauteile in ihrer Produktion weiter einsetzen oder direkt weitervertreiben.

In einer Supply Chain (Lieferkette bzw. unternehmensübergreifendes Wertschöpfungsnetzwerk) kann der 3D-Druck zu radikalen Strukturänderungen bzw. Verkürzungen führen, indem komplette Wertschöpfungsstufen umgangen werden (sog. Disintermediation).[59] In konventionellen Supply Chains erbringen ein oder mehrere Unternehmen arbeitsteilig eine Leistung für einen Endkunden. Die Wertschöpfung ist durch hohe Investitionen in Maschinen und Infrastruktur gekennzeichnet, sodass die Produktion hoher Stückzahlen angestrebt wird. Aufgrund der Vielzahl der beteiligten Partner und der Erstellung von Werkzeugen und Formen dauert es lange von der Produktidee bis zum ersten Verkauf. Transport- und Lagerkosten bestimmen wesentlich die Höhe der Gesamtkosten in der Supply Chain.

Folgendes Szenario ist keine Vision, sondern bei zahlreichen eCommerce-Anbietern bereits Realität: Statt Schuhe (oder andere Konsumgüter) aus einem vorgefertigten Sortiment zu wählen (bzw. auf die Lieferung zu warten), designen Endkunden ihre Schuhe selbst oder kaufen im Internet die Design-Rechte. Die neuen Schuhe drucken die Kunden einfach zu Hause aus oder lassen sie von einem Druckdienstleister zusenden. Im diesem Extremfall des Drucks beim Endverbraucher entfallen Teile-Lieferanten, Produktionsstufen, Transportdienstleister und lokaler Handel: Statt physischen Produkten bestimmen Transaktionen digitaler Daten und Druckrohstoffe die Supply Chain. Die Eigenproduktion mit hoher

---

[56]Vgl. Wohlers/Caffrey (2015), S. 43; Nitz (2015), S. 233; Berger/Hartmann/Schmid (2013), S. 28.

[57]Vgl. Lachmayer/Lippert (2016), S. 12.

[58]Vgl. Gibson/Rosen/Stucker (2015), S. 49.

[59]Vgl. Feldmann/Pumpe (2016), S. 8.

Fertigungstiefe findet nah am Ver- bzw. Gebrauchsort statt, sodass Lager- und Transportkosten sinken.[60] Ein solches Szenario findet sich nicht nur im Bereich Business-to-Consumer, sondern lässt sich ebenso auf den Bereich Business-to-Business übertragen. Beispielsweise produziert der Flugzeughersteller Airbus zahlreiche Bauteile mittels 3D-Druck selbst, die bisher von externen Lieferanten bezogen wurden (sog. Insourcing).[61]

3.1.4 Nutzen[62]

In der Produktentwicklung ist 3D-Druck seit Jahrzehnten im Einsatz, da der Druck von Prototypen (Rapid Prototyping) die Zeit von der Produktidee bis zur Markteinführung (time-to-market) signifikant verkürzt.[63] Im Hinblick auf die Attraktivität und die Einsatzgebiete für die Serienproduktion scheinen sich vor allem die Luftfahrt-, die Automobil- und die Elektronikindustrie für den Einsatz des 3D-Drucks zu eignen.[64] Diese Branchen profitieren besonders von der **Gewichtsersparnis,** wenn Teile in Wabenstruktur mit Hohlräumen gedruckt werden (im Gegensatz zu massiven Objekten bei Spritzguss- oder subtraktiven Fertigungsverfahren). Dies führt zu signifikanten Senkungen des Treibstoffverbrauchs im operativen Betrieb der Endprodukte wie z. B. Flugzeuge und Fahrzeuge.

Eine Stärke des 3D-Drucks sind die hohen **Freiheitsgrade beim Produktdesign:** Fast alle Formen sind realisierbar – selbst komplexe Geometrien, die mit nicht-additiven Fertigungsverfahren aufgrund gegebener Werkzeuge, Formen und Vorrichtungen schwer oder gar nicht herstellbar sind.[65] Es besteht keine direkte Beziehung zwischen der Produktkomplexität und den Herstellungskosten, da die Komplexität des Designs nicht die Komplexität der Werkzeuge oder Fertigungsschritte bestimmt.[66] Dabei ist die Kombination verschiedener Materialien möglich. Neben den großen gestalterischen Möglichkeiten sind ebenso Mikrobauteile, bei denen konventionelle Fertigungsverfahren an ihre Grenzen stoßen,

---

[60]Vgl. ebenda.

[61]Vgl. Handelsblatt (2016).

[62]Die folgenden Ausführungen sind im Wesentlichen Feldmann/Pumpe (2016), S. 8 ff. entnommen.

[63]Vgl. Lachmayer/Lippert (2016), S. 12 ff.; Zäh (2006).

[64]Vgl. Echterhoff et al. (2012); Evans/Danks (1998); Leupold/Gossner (2016), S. 1 ff.

[65]Vgl. Gebhardt (2016), S. 464 f.; Srivatsan/Sudarshan (2015), S. 21.

[66]Vgl. Hopkinson/Hague/Dickens (2005).

und integrierte Funktionsbauteile (MEMS; Microelectromechanical Systems) zu nennen.[67] **Werkstoffeigenschaften** lassen sich durch 3D-Druck geplant und kontinuierlich über das Werkstück hinweg so verändern, dass definiert anisotropes Verhalten erzielt wird, d. h. die Richtungsabhängigkeit der physikalisch-chemischen Eigenschaften eines Materials gezielt beeinflusst wird.[68] Das schnelle Experimentieren mit Modellen wird stark erleichtert, sodass sich die **Entwicklungszeit** von der ersten Produktidee bis zum ersten Verkauf signifikant verkürzt.

3D-Druck hat ein hohes Anwendungspotenzial für das Geschäftsmodell der **kundenindividuellen Massenfertigung.** Dabei werden individualisierbare, durch den Kunden ggf. mitentwickelte Produkte (Co-Design) durch flexible Fertigungsverfahren mit der Effizienz der Massenproduktion hergestellt (mass customization).[69] Einerseits sind die individuellen Bedürfnisse des Kunden an ein Produkt aufzugreifen. Andererseits sind diese individuellen Produktanforderungen nicht mit den Mitteln der traditionellen Einzelfertigung (Werkstattfertigung) zu decken, sondern mit effizienten Fertigungsverfahren, die flexibel und reaktionsschnell genug sind, um Massennachfrage zu decken. Dabei dienen Vertriebskonfiguratoren als „Übersetzer" der Kundenbedürfnisse in technische Spezifikationen.[70]

Mit solchen individuell nach Kundenwunsch **„maßgeschneiderten" Produkten** können auch kleinste Marktsegmente profitabel bedient werden, ohne dabei auf eine Vielzahl von produktspezifischen Fertigungsanlagen und Werkzeugen angewiesen zu sein – es gibt nur ein digitales Modell, das jederzeit verändert werden kann. Dies schafft in vielen Branchen wie z. B. der Medizintechnik mit personalisierten Implantaten große Umsatzpotenziale, im Extremfall mit der Stückzahl bzw. Losgröße 1 wie z. B. bei einer individuellen Anpassung eines Hörgeräts an das Ohr des Patienten. Durch die geringere Investition in produktspezifische Maschinen, Werkzeuge und Vorrichtungen sinkt auch das betriebswirtschaftliche Risiko bei der Einführung neuer Produkte. Im Gegensatz zur werkzeuggebundenen Fertigung entfallen Rüstkosten und -zeit für den Wechsel zwischen verschiedenen Bauteilen bzw. Produkten, sodass kleine Losgrößen bis hin zur kundenindividuellen Einzelproduktion wirtschaftlich werden.[71] Somit

---

[67]Vgl. Gebhardt (2016), S. 465 f.
[68]Vgl. ebenda, S. 471.
[69]Vgl. Chua/Leaon (2015), S. 492 f.; Davis (1987); Gembarski (2016), S. 71 f.; Reeves/ Tuck/Hague (2011), S. 275 ff.
[70]Vgl. Gembarski (2016), S. 75; Pine/Davis (1993).
[71]Vgl. Gebhardt (2016), S. 466 f.; Hopkinson/Hague/Dickens (2005).

hat der 3D-Druck das Potenzial, den herkömmlichen Zielkonflikt zwischen einer Vielfalt des Produktportfolios einerseits und einem stabilen und effizienten Produktionsprozesses andererseits aufzulösen.[72]

Durch den 3D-Druck kann die Zahl der Einzelteile verringert werden, indem ehemals separate Bauteile nun als komplette Baugruppe „in einem Zug" gedruckt werden (**Funktionsintegration**). Sogar frei bewegliche Teile (z. B. Kugelgelenke) können in einer einzigen monolithischen Struktur gedruckt werden, die nicht zusammengesetzt werden muss.[73] Die geringere Anzahl an Teilen und Fertigungsschritten senkt insbesondere über die Lohn- bzw. Montagekosten die Herstellkosten und reduziert Qualitätsrisiken, die z. B. aus der Genauigkeit und der Justierung resultieren.[74] Diese Integration einer (vorher zu montierenden) Baugruppe in einem einzigen Teil kann ebenso die Anzahl der Wertschöpfungsstufen der unternehmensübergreifenden Supply Chain reduzieren, sodass z. B. die Koordinationskosten mit einem Teile-Lieferanten entfallen. Durch die Verringerung der Lohn- und Koordinationskosten kann ein sog. **Reshoring**, d. h. die Rückverlagerung der Produktion aus Niedriglohnländern in die Absatzregion, wirtschaftlich werden.

3D-Druck bietet wesentliche Vorteile im Vergleich zu Spritzguss- oder subtraktiven Fertigungsverfahren im Hinblick auf **Rüstkosten** und **Kosten für Werkzeuge, Vorrichtungen und Formen.**[75] Ohne Werkzeugwechsel beim Wechsel der Fertigung von einem Produkt A auf ein Produkt B werden die Rüstkosten stark reduziert oder entfallen im Extremfall. Damit stellen Rüstkosten ebenso keinen Treiber für große Lose bzw. Kampagnenfertigung dar, mit denen bei konventionellen Fertigungsverfahren Stückkosten durch Mengendegressionseffekte gesenkt werden.[76] Kleine Stückzahlen kundenindividueller Produkte werden wirtschaftlich. Hohe Bestände an Endprodukten durch rüstkostengetriebene große Lose, denen keine konkrete Nachfrage gegenübersteht, gehören der Vergangenheit an – zumindest, wenn die Druckgeschwindigkeit bzw. die Ausbringungsmenge je Zeiteinheit mit der Absatzgeschwindigkeit synchronisiert ist. Statt physischer Bestände an Endprodukten „lagern" Firmen nur digitale 3D-Daten.[77]

---

[72]Vgl. Gembarski (2016), S. 84; Reeves/Tuck/Hague (2011), S. 275 ff.

[73]Vgl. Berman (2012); Srivatsan/Sudarshan (2015), S. 25.

[74]Vgl. Gebhardt (2016), S. 464; Gibson/Rosen/Stucker (2015), S. 9; Lindemann et al. (2012).

[75]Vgl. Hopkinson/Hague/Dickens (2005); Srivatsan/Sudarshan (2015), S. 25 f.

[76]Vgl. Berman (2012).

[77]Vgl. Bose-Munde (2014), S. 23.

Wenn Produkte bzw. Teile erst bei konkreter Nachfrage gedruckt werden, entfallen **Lagerkosten** und Verschrottungsrisiken unverkaufter Bestände.[78] Somit bietet 3D-Druck insbesondere Kostensenkungspotenziale bei einem Produktportfolio, das sich durch eine große Vielfalt an Varianten mit geringer Stückzahl („high mix, low volume") auszeichnet oder stark schwankende bzw. sporadische Nachfrageverläufe in Kombination mit hoher Prognoseungenauigkeit aufweist. Dies trifft z. B. auf das Ersatzteil- und Projektgeschäft zu. Ebenso sinken **Transportkosten,** wenn die Güter erst bei konkretem Bedarf am Ver- oder Gebrauchsort lokal gedruckt werden.

Im Vergleich zu subtraktiven Fertigungsverfahren, in denen Werkstücke durch abtragende Bearbeitung wie Fräsen oder Bohren in die gewünschte Form gebracht werden, fällt weniger Abfallmaterial an.[79] Petrovic et al. berichten von einer **Abfallreduzierung** von 40 % bei Metallanwendungen im Vergleich zu subtraktiven Fertigungsverfahren.[80] Zudem kann ein Großteil des Abfallmaterials beim 3D-Druck für die Fertigung wiederverwendet werden.

Auch in indirekten Bereichen wie z. B. der Beschaffung bestehen Kostensenkungspotenziale. Anstatt eine Vielzahl an Komponenten von zahlreichen Lieferanten zu bestellen, wird nur einmal eine große Menge an z. B. Pulver von einem Lieferanten bestellt. Dadurch sinken die **Prozesskosten im administrativen Bereich.**

Tab. 3.3 fasst die Vorteile des 3D-Drucks in der Produktentwicklung und der Fertigung im Vergleich zu nicht-additiven Fertigungsverfahren zusammen. Kochan/Chua postulieren Einsparpotenziale im Hinblick auf Zeit und Kosten von 50 bis 90 %.[81] Es ist kritisch anzumerken, dass die Effekte in Abhängigkeit von Unternehmen, Nachfragestruktur, Produktportfolio, Bauteilkomplexität, Druckverfahren und -material stark variieren können.

Für eine differenzierte Analyse der Werttreiber sowie Kosten- und Umsatzwirkungen in der gesamten Supply Chain, welche neben der Produktion ebenso die Beschaffung, die Distribution und die Retourenabwicklung umfasst, sei auf das Modell von Feldmann/Pumpe (2016) verwiesen, das eine differenzierte Struktur für eine umfassende Wirtschaftlichkeitsanalyse bietet.

---

[78]Vgl. ebenda.

[79]Vgl. Berman (2012); Srivatsan/Sudarshan (2015), S. 25.

[80]Vgl. Petrovic et al. (2011).

[81]Vgl. Kochan/Chua (1995), S. 173 ff.

Tab. 3.3 Nutzen des 3D-Drucks in Produktentwicklung und Fertigung im Vergleich zu konventionellen Fertigungsverfahren

Produktentwicklung	Operative Fertigung

• Komplexe, organische Geometrien möglich durch hohe Freiheitsgrade beim Design. Höhere Bauteilkomplexität hat dabei nur relativ geringen Effekt auf Entwicklungszeit und -kosten.
• Weniger Gewicht durch Bauteile mit Hohlräumen bzw. Wabenstrukturen.
• Hoher Grad der Berücksichtigung kundenindividueller Anforderungen im Design (ggf. Co-Design durch Kunden), da kaum technische Einschränkungen durch den 3D-Druck im Vergleich zu vielen nicht-additiven Fertigungsverfahren; keine limitierenden Subziele wie Minimierung mechanischer Bearbeitung und Verschnitt.
• Kürzere time-to-market und weniger Fehlentwicklungen durch schnelle und einfache Verfügbarkeit von Prototypen zum Testen und weniger Abstimmungsbedarf in Bezug auf die Möglichkeiten bzw. Begrenzungen des Fertigungsverfahrens.
• Weniger Aufwand für Toleranzanalysen, Schnittstellen zwischen Komponenten (z. B. Auswahl von Befestigungsvorrichtungen) und Montagezeichnungen durch reduzierte Teileanzahl (Funktionsintegration: Aus einer vormals zu montierenden Baugruppe wird ein Bauteil, das in einem Zug gedruckt wird).
• Eigenschaften des Bauteils wie mechanische Belastbarkeit müssen nicht durch Gewicht „erkauft" werden.
• Reduzierter Materialeinsatz aufgrund des additiven Charakters des 3D-Drucks im Vergleich zur abtragenden Verarbeitung bei subtraktiven Fertigungsverfahren wie Fräsen, Drehen etc.
• Gezieltes Erzeugen anisotroper Werkstoffeigenschaften.
	Neueinführung von Produkten
	• Keine Kosten für Entwicklung, Herstellung und Testen von Werkzeugen, Formen und Vorrichtungen.
	• Schnellere Amortisation der Fertigungsanlagen.
	• Geringere Fixkosten wie z. B. Abschreibungen auf Maschinen und Werkzeuge.
	• Geringeres Investitionsrisiko, da keine Anschaffung produkt- bzw. bauteilspezifischen Maschinen.
	Laufende Fertigung
	• Weniger Bauteile für Gesamtprodukt aufgrund der geringeren Anzahl von Bauteilen (Funktionsintegration):
	  – kürzere Montagezeit.
	  – weniger Zeit für bauteilspezifisches Einrichten und Programmieren der Maschinen.
	  – kürzere Zeit für Inspektion einzelner Bauteile.
	  – geringere Lohnkosten.
	• Niedrigere (ggf. keine) Rüstkosten beim Wechsel von einem Bauteil zu einem anderen Bauteil auf einem Drucker (ggf. Kosten für Reinigung, Vorheizen etc.).
	• Höhere Verfügbarkeit und kürzere Lieferzeiten aufgrund höherer Flexibilität des Produktionsprogramms durch niedrigere Rüstkosten.
	• Dezentralisierung der Fertigung an den Gebrauchs- bzw. Verbrauchsort, dadurch geringere Transport- und Lagerkosten für Roh-, Halbfertig- und Fertigerzeugnisbestände (nachfragesynchroner Druck).
	• Geringere administrative Prozesskosten.
	• Weniger Schulungsaufwand.
	• Niedrigere Wartungskosten.
	• Weniger Abfall (Verschnitt etc. bei subtraktiver Fertigung), dadurch niedrigere Entsorgungskosten.

Trotz eines rasanten Anstiegs der Qualität der Druckerzeugnisse und eines rapiden Preisverfalls setzen Hersteller 3D-Druck primär bei der Produktentwicklung ein.[82] Ob und wann 3D-Druck in der Serienfertigung eine Rolle spielen und damit die viel beschworene industrielle „Revolution" auslösen wird, hängt von der Entwicklung im Hinblick auf die aktuellen Grenzen der Technologie ab.

3.1.5 Grenzen

Aktuelle Grenzen der Diffusion in der Industrie, insbesondere im Hinblick auf die Serienfertigung, sind die Limitation auf bestimmte Materialien, die begrenzte Größe der druckbaren Bauteile (limitiert durch die Dimensionen des Bauraums bzw. die erforderliche Zeit für den Bauprozess), die Maßhaltigkeit bzw. die Oberflächenbeschaffenheit der Bauteile, die exakte Reproduzierbarkeit, Gefährdungspotenziale für Mitarbeiter, der Mangel an Kompetenzen der Mitarbeiter sowie Standards und Zertifizierungen für 3D-Druckprozesse.[83]

Vor allem die zu geringe Geschwindigkeit des Drucks und qualitative Herausforderungen limitieren die Verbreitung für die Serienproduktion.[84] Die **Geschwindigkeit** bestimmt sich vor allem durch den Zeitbedarf fürs Aushärten der einzelnen Schichten bis zum Aufbringen der nächsten Schicht. Je detaillierter das Objekt, desto mehr Durchgänge und desto länger die Produktionszeit. Um eine hohe Stückzahl in kurzer Zeit herzustellen, sind traditionelle Verfahren vielfach schneller und kostengünstiger. Um den Geschwindigkeitsnachteil des 3D-Drucks gegenüber konkurrierenden Fertigungsverfahren zu kompensieren, sind **Hybridverfahren** möglich. Beispielsweise können Grundkörper mit großen Volumina in einem ersten Schritt gefräst werden, um im zweiten Schritt als Basis für den darauf aufsetzenden 3D-Druck für den additiven Aufbau komplexer Geometrien zu dienen (vgl. ebenso Rapid Repair in Abschn. 3.1.2).[85] Ebenso denkbar ist eine zweigeteilte Fertigungsstrategie in Abhängigkeit von der Nachfragestruktur der Produkte: Die Fertigung der Varianten mit hohen Stückzahlen und relativ konstanter Nachfrage („Renner") erfolgt mittels eines schnellen, nicht-additiven Verfahrens. Varianten, die durch eine diskontinuierliche Nachfrage kleiner

---

[82]Vgl. Hammond (2014).

[83]Vgl. Srivatsan/Sudarshan (2015), S. 26.

[84]Vgl. Feldmann (2015); Srivatsan/Sudarshan (2015), S. 21, 26.

[85]Vgl. Gebhardt (2016), S. 473.

Mengen gekennzeichnet sind („Exoten"), werden mittels 3D-Druck gefertigt. So wird das Fertigungsprogramm der „Renner" nicht durch Umrüstungen für die „Exoten" unterbrochen.

Eine weitere Herausforderung ist die **Nachbearbeitung.** So ist bei Objekten, bei denen die erste Schicht als Überhang in der Luft „schwebt", Stützmaterial erforderlich. Dieses ist nachher zeitaufwendig zu entfernen und hat ggf. negative Auswirkungen auf die Genauigkeit. Weiterer Zeitbedarf ergibt sich ggf. für Oberflächenbehandlung und Reinigung. Zudem wird die Komplexität der Technik vielfach unterschätzt: Umsetzbare digitale Modelle erfordern neben CAD-Kenntnissen ein gewisses Maß an Erfahrung, um Ausschuss zu vermeiden.

In einer branchenübergreifenden Studie der FH Münster betonten deutsche Unternehmen folgende **Qualitätsprobleme:**[86] Größe der Teile (Dimensionen des Bauraums), Maßhaltigkeit (Einhalten von Toleranzen bzw. exakte Reproduzierbarkeit der Objekte bei großer Stückzahl), mechanische Eigenschaften, Temperaturbeständigkeit sowie Verbundwirkungen mit anderen Komponenten (z. B. Lacke, Kleber). Vielfach wird die Oberfläche als teilweise zu stufig (aufgrund des sog. Treppenstufeneffekts, vgl. Abschn. 3.1.3) und rau (z. B. aufgrund der Partikelgröße beim Sintern und Schmelzen)[87] wahrgenommen. Ein weiteres Risiko ist die Anisotropie, d. h. die unterschiedliche Qualität in der Schicht- und in der Baurichtung im Hinblick auf Genauigkeit und Oberflächenbeschaffenheit.[88] Mitunter bilden sich unerwünschte Hohlräume.

Die **Qualität der Druckrohstoffe** ist ein weiterer limitierender Aspekt. Beispielsweise sind viele UV-sensitive Harze und Granulate giftig, sodass sie nicht für alle Produkte einsetzbar sind. Zudem unterscheidet sich der Grad der Wiederverwendbarkeit für die Produktion stark je nach Material. Die weitere Ausprägung internationaler Standards würde die Verfügbarkeit sicherer und zuverlässiger Materialien, aber auch Technologien und Prozesse, fördern.

Exakte Reproduzierbarkeit im Hinblick auf Maßhaltigkeit, mechanische Eigenschaften und Beständigkeit der Bauteile im Zeitablauf sind Voraussetzung für einen breiten Einsatz des 3D-Drucks in der industriellen Serienfertigung. Somit ist die Weiterentwicklung der Sensorik, Kontrolle und Steuerung additiver Fertigungsprozesse entscheidend, um aktuelle Qualitätsprobleme zu überwinden.[89] Extreme Erhitzungs- und Abkühlungsraten bei der Transformation

---

[86]Vgl. Feldmann/Pumpe (2016).

[87]Vgl. Gebhardt (2016), S. 342.

[88]Vgl. ebenda.

[89]Vgl. hierzu und im Folgenden Srivatsan/Sudarshan (2015), S. 22 f.

von Material (bei Polymeren z. B. Schmelzen und Rekristallisation) erfordern die Entwicklung robuster mathematischer Modelle, um z. B. Mikrostrukturen und potenzielle Materialermüdung vorhersagen zu können. Im Hinblick auf die Echtzeit-Kontrolle des Prozesses sind Sensoren im Bauraum zu installieren, um Temperaturen, Abkühlungsraten und resultierende Beanspruchungen sowie mechanische Spannungen des Bauteils zu messen. Um eine hohe Genauigkeit der Messungen zu gewährleisten, sollten optische Sensoren kalibrierbar sein. Die Messung sollte nicht nur geometrische Dimensionen umfassen, sondern ebenso die Oberflächenbeschaffenheit der jeweiligen Schichten. Die dabei gesammelten Informationen sind im Rahmen der Prozesskontrolle während des Bauprozesses einzusetzen, um die Materialbeschaffenheit und den Transformationsprozess zu steuern. Zudem sind Defekte wie Löcher, Hohlräume, mikroskopische Risse und Abscheidungen bereits im Druckprozess zu reparieren. Manuelle Nacharbeit sollte so weit wie möglich vermieden werden, da sie die Gefahr von Ungenauigkeiten oder Fehlern birgt.[90]

Viele der bestehenden **CAD-Programme** (Software für die digitale Konstruktion) sind vor allem auf Produkte für nicht-additive Fertigungsverfahren ausgelegt, insbesondere auf kreisförmige Objekte und gerade Linien.[91] Somit können die erweiterten konstruktiven und gestalterischen Möglichkeiten des 3D-Drucks in Bezug auf das Produktdesign (z. B. Flächenbeschreibungen höherer Ordnung) nur bedingt ausgenutzt werden. Komplexe 3D-Modelle mit organischen Formen erfordern außerdem viel Speicherkapazität. Zudem zeichnen sich viele CAD-Programme nicht durch Benutzerfreundlichkeit aus. Diese Aspekte schränken die Nutzung der Potenziale des 3D-Drucks beim Design stark ein, insbesondere hinsichtlich einer „Demokratisierung" der Produktentwicklung durch ein Co-Design der späteren Ge- bzw. Verbraucher. Mögliche Abhilfe können Haptik-basierte CAD-Systeme bieten. Diese simulieren eine direkte Interaktion mit dem Modell (Rückmeldung von Kraft an den Nutzer, sog. force feedback), um das kreative Schaffen von Formen ohne die geometrischen Begrenzungen konventioneller CAD-Systeme zu unterstützen.[92] Um die Diffusion des 3D-Drucks über den Produktdesign-Prozess weiter voranzutreiben, sind CAD- bzw. IT-Werkzeuge erforderlich, die Entwicklern die Möglichkeiten additiver Fertigung im Vergleich

---

[90]Vgl. Gebhardt (2016), S. 342.

[91]Vgl. Feldmann/Pumpe (2016), S. 11. Zu allgemeinen Anforderungen an CAD-Systeme für 3D-Druck vgl. Gebhardt (2016), S. 32 f.

[92]Vgl. Gibson/Rosen/Stucker (2015), S. 17. Zu allgemeinen Herausforderungen für CAD-Systeme beim 3D-Druck vgl. ebenda, S. 418 ff.

zu den Restriktionen nicht-additiver Fertigungsverfahren aufzeigen und Darstellungen von entsprechenden Formen, Eigenschaften, Prozessen und anderen Variablen unterstützen.[93] Zudem sind Methoden für das simultane Produkt- und Prozessdesign zu entwickeln als auch Verfahren für die Wirtschaftlichkeitsberechnung von Komponenten und Endprodukten über den Lebenszyklus.[94]

Ein bisher nur rudimentär beleuchteter Forschungsbereich sind die **Gefährdungspotenziale**, die **für Anwender** von 3D-Druckern ausgehen. Zajons und Nowitzki differenzieren zwischen bauartspezifischen und anwendungsspezifischen Gefährdungspotenzialen.[95] Bauartspezifische Gefährdungspotenziale umfassen elektrische, thermische und mechanische Gefährdungen sowie optische Strahlung (z. B. Laserdioden, UV). Anwendungsspezifische Gefährdungspotenziale gehen von Gefahrstoffen (z. B. gesundheitsschädliche Partikel und Gase), Brand- und Explosionsgefahren (z. B. Entflammbarkeit von Thermoplastiken und Fotopolymeren, Explosionsgefahr beim Einsatz von Metallpulvern), Sekundärstrahlung und biologischen Gefährdungen aus. Diese Gefährdungspotenziale sind weiter zu untersuchen und im Rahmen von Aus- und Weiterbildung zu vermitteln, da ein schlankes Produktionssystem nicht nur den Anforderungen des Lean Thinking, sondern ebenso den Anforderungen im Hinblick auf die Sicherheit der Mitarbeiter entsprechen sollte. Die weitere Verbreitung des 3D-Drucks in der gewerblichen Anwendung hängt nicht nur von betriebswirtschaftlichen Erwägungen ab, sondern ebenso von der öffentlichen Akzeptanz.

Standards und **Zertifizierungen** sind ein weiterer erfolgskritischer Faktor für die Diffusion des 3D-Drucks in der Fertigung, die es weiter auszuprägen gilt.[96] Wesentliche organisatorische Treiber für die Schaffung von Standards im Bereich 3D-Druck sind die International Organisation for Standardization (ISO) mit dem Technical Committee 261 und die American Society for Testing and Materials (ASTM) mit dem Committee F42. Diese Standards umfassen Terminologie, Materialien, Testmethoden, Design und Datenformate. Zu spezifizieren sind diese Bereiche für Rohmaterialien und Druckobjekte sowie für Maschinen, Fertigungs- und Testprozesse. Priorisiert werden dabei die folgenden Themen:

1. Methoden für die Qualifizierung und Zertifizierung der Mitarbeiter sowie die Zertifizierung der Maschinen
2. Richtlinien für das Design

---

[93]Vgl. Srivatsan/Sudarshan (2015), S. 21.
[94]Zur Wirtschaftlichkeitsberechnung vgl. Feldmann/Pumpe (2016b).
[95]Vgl. Zajons/Nowitzki (2016), S. 109 ff.
[96]Vgl. Chua/Leong (2015), S. 14 f.; Srivatsan/Sudarshan (2015), S. 24 f., 42 f.

3. Testmethoden für die Analyse und Kennzeichnung von Rohmaterialien
4. Testmethoden für die Bestimmung mechanischer Eigenschaften der Druckobjekte
5. Richtlinien für das Recycling von Materialien
6. Standardprotokolle für Testvorgänge mit verschiedenen Beteiligten
7. Standards für Prüfgegenstände
8. Anforderungen an Kaufteile aus 3D-Druckverfahren

Im Hinblick auf die o. g. Grenzen ist festzuhalten, dass diese angesichts der rasanten Entwicklungsgeschwindigkeit der Technologie vermutlich nur eine zeitlich begrenzte Barriere darstellen. Neben den o. g. kritischen Erfolgsfaktoren für die weitere Verbreitung der 3D-Druckverfahren in der Serienfertigung sind im Folgenden die Risiken der sog. Produktpiraterie und die ökologische Nachhaltigkeit zu beleuchten.

Mit der weiteren Verbreitung des 3D-Drucks in Bezug auf Anwender und Materialvielfalt geht ein erhöhtes Risiko der sog. **Produktpiraterie**, d. h. die unerlaubte Imitation von Produkten bzw. derer Designs, einher.[97] Konkurrenten oder Produktpiraten müssen das Originalprodukt nicht mehr digital mit einem CAD-System anhand der Vorlage des Originalprodukts (nach)entwickeln, sondern können es z. B. auf einer Messe mit einem 3D-Scanner abtasten und mit den so gesammelten Daten ein digitales Modell für den 3D-Druck erstellen. Die Zollkontrolle beim Import physischer Waren greift ggf. nicht mehr, wenn die Daten digital transferiert oder über Downloadportale zur Verfügung gestellt werden. Neben den gewerblichen Schutzrechten wie z. B. Patent-, Urheberrecht-, Gebrauchsmuster- und Markenschutz sind bereits verschiedene technische Lösungen verfügbar, um Produktfälschungen mittels additiver Fertigungsverfahren einzudämmen. Ein Ansatz ist z. B. das Einbetten von Nanokristallen in das zu schützende Objekt, die eine physisch nicht kopierbare Signatur zur Herkunftsüberprüfung darstellen. Sog. Shape Memory Polymere sind ein alternativer Weg. Dabei werden temperatursensitive Materialien in das Objekt integriert, die bei Erwärmung einen definierten Sicherheitscode anzeigen. Allen diesen (und ähnlichen) Ansätzen wohnt allerdings der Nachteil inne, dass sie die widerrechtliche Fertigung von Produktimitationen nicht verhindern, sondern lediglich die Identifikation der Imitationen erleichtern.

Viele Fragen zur **ökologischen Nachhaltigkeit** sind unbeantwortet.[98] Einerseits bietet 3D-Druck viele Chancen wie die Senkung des Materialverbrauchs oder die Reduzierung der CO_2-Emissionen durch verbrauchernahe Produktion und die Herstellung leichterer Komponenten für die Automobil- und Luftfahrtindustrie. Andererseits birgt die Technologie ökologische Risiken: Kompensiert

---

[97]Vgl. Leupold/Gossner (2016), S. 55 ff.
[98]Vgl. Feldmann/Pumpe (2016), S. 12.

höheres Transportaufkommen vieler kleiner Transporte zu dezentralen „Druck-Orten" die o. g. CO_2-Einsparungen? Welche Gesundheitsrisiken entstehen z. B. durch Kleinstpartikel-Emission? Führt die Verwendung „minderwertiger" Materialien zu einer kürzeren Lebensdauer der Produkte, sodass eine Wegwerf-Kultur gefördert wird (sog. Rebound-Effekt)? Wie können miteinander verschmolzene Materialien sortenrein recycelt oder entsorgt werden? Wie hoch ist der Energiebedarf je Stück, wenn Mengendegressionseffekte nicht-additiver Fertigungsverfahren wie z. B. bei Spritzgussverfahren entfallen? Hinsichtlich dieser Fragen besteht erheblicher Forschungs- und Steuerungsbedarf.

Um die o. g. Grenzen bzw. Schwächen der 3D-Druckverfahren zu überwinden, priorisierte Gebhardt (2016) die folgenden **Entwicklungsziele:**[99]

- Verbesserung der Oberflächenbeschaffenheit
- Eliminierung der Anisotropie
- Erhöhung der Detailwiedergabe durch geringere Schichtstärken und kontinuierliche Konturierung in z-Richtung (Vertikale)
- Verbesserung der Materialeigenschaften und Ausweitung der verfügbaren Materialien
- Erhöhung der Geschwindigkeit des Bauprozesses bzw. Verkürzung der Maschinenbelegungszeiten
- Eliminierung bzw. Verringerung manueller Nachbearbeitung
- Konzentration auf einstufige Prozesse und dazu Vereinfachung oder Eliminierung von Zwischenprozessen

Zu ergänzen sind auf Basis der vorherigen Ausführungen die folgenden Punkte:

- Reduzierung der bauart- und anwendungsspezifische Gefährdungspotenziale für die Anwender
- Verhinderung unerlaubter Imitation von Produkten bzw. derer Designs (Produktpiraterie)
- Förderung der ökologischen Nachhaltigkeit

3.1.6 3D-Druck als Element der Fertigungsstrategie

Bei der Ausprägung einer unternehmens- bzw. werksspezifischen **Fertigungsstrategie** ist nicht nur zwischen einem nicht-additiven (subtraktiven oder

---

[99]Vgl. Gebhardt (2016), S. 342.

Tab. 3.4 Strategien je Bezugsquelle und Fertigungsverfahren

Strategien		Bezugsquelle	
		Intern (Make)	Extern (Buy)
Fertigungsverfahren	**Nicht-additiv**	Eigenfertigung mit nicht-additiven Fertigungsverfahren	Beschaffung bei externen Lieferanten mit nicht-additiven Fertigungsverfahren
	3D-Druck	Eigenfertigung mit 3D-Druck	Beschaffung bei externen Lieferanten mit 3D-Druck

formativen) Fertigungsverfahren und einem additiven 3D-Druckverfahren zu unterscheiden.[100] Beim Vergleich konkurrierender Szenarien ist einerseits die Anschaffung eines eigenen Druckers („Make", Eigenfertigung) und andererseits die alternative Nutzung von 3D-Druckdienstleistern als Lieferanten („Buy", externe Beschaffung) zu differenzieren (vgl. Tab. 3.4).[101]

Die dargestellten Strategien sind nicht als einander ausschließend zu verstehen. Ggf. kann sich eine kombinierte Strategie im Hinblick auf Kosten- und Risikokriterien als optimal erweisen. Im Falle der Eigenfertigung mittels 3D-Druck muss ein konventionelles Fertigungsverfahren nicht komplett substituiert werden: Teile mit hohen Stückzahlen und relativ stabiler Nachfrage („Renner") können weiterhin nicht-additiv z. B. mittels Spritzgussverfahren produziert werden. Teile mit kleinen Stückzahlen je Variante und diskontinuierlicher Nachfrage („Exoten") oder kundenindividuelle Produkte hingegen werden mittels 3D-Druck gefertigt. Alternativ kann sich eine „Make-and-Buy"-Strategie als vorteilhaft erweisen, d. h. die gleichen Objekte werden sowohl intern in Eigenfertigung hergestellt als auch extern von Lieferanten beschafft. Dabei sind eigene Kapazitäten nicht für alle denkbaren Produktvarianten und Nachfragespitzen vorzuhalten, da die Kapazität des Lieferanten bei Bedarf in Anspruch genommen wird. Dies ermöglicht es Unternehmen, schnell und flexibel auf unerwartete Nachfrageschwankungen und kundenindividuelle Anforderungen zu reagieren, ohne die entsprechenden Fixkosten bzw. das Auslastungsrisiko tragen zu müssen. Dies dient der Vermeidung von Verschwendung im Sinne der Lean Production.

---

[100]Vgl. hierzu und im Folgenden Feldmann/Pumpe (2016), S. 23 f.

[101]Vgl. z. B. die Vermittlungsplattform www.3dhubs.com, bei der sich Firmen mit 3D-Druckern registrieren und von Nachfragern finden lassen können.

Ein **Ausblick:**[102] Die stärksten Treiber der Technologieentwicklung bleiben Leichtbau und Funktionsintegration, d. h. die Möglichkeit, die Anzahl der Teile und Fertigungsschritte zu verringern. Ein höherer Automatisierungsgrad und kontinuierlich arbeitende Verfahren führen zu höheren Baugeschwindigkeiten. Bauräume werden vergrößert, sodass größere Objekte bzw. mehrere gleichzeitig gedruckt werden können. Die Materialvielfalt steigt weiter, mechanische und optische Eigenschaften sowie die Auflösung werden optimiert. Preise für Drucker und Rohstoffe sinken weiter. Neue Geschäftsmodelle entwickeln sich, z. B. bieten Logistikdienstleister 3D-Druck an.

3.1.7 Zusammenfassung

Der 3D-Druck bietet die Möglichkeit, in verschiedenen Anwendungsbereichen unterschiedlichste Bauteile und Endprodukte zu drucken. Dafür ist mittels CAD-Software ein dreidimensionales digitales Modell des Werkstücks zu erstellen, welches schichtweise (additiv) durch Hinzufügen von Material generiert wird. Es gibt sowohl private als auch gewerbliche Anwendergruppen. Die gewerblichen Anwendungen lassen sich im Verlauf des Lebenszyklus eines Bauteils bzw. Endprodukts in Rapid Prototyping, Rapid Tooling, Rapid Manufacturing und Rapid Repair differenzieren. Trotz vielfältiger Nutzenpotenziale stehen diverse Barrieren aktuell einer stärkeren Verbreitung in der industriellen Serienfertigung (Rapid Manufacturing) entgegen.

3.2 Produktionssysteme

3D-Druck wird als Element eines Produktionssystems eingesetzt. Zur Einordnung des Untersuchungsgegenstands sind im Folgenden der Begriff Produktionssystem zu definieren und die Zieldimensionen der Produktion darzustellen.

Die handwerkliche Produktion wurde über die Zentralisierung der Arbeit und die industrielle Revolution in eine industrielle Produktion transformiert.[103] Treiber dieser Entwicklung waren sowohl die durch Taylor geprägte Arbeitsteilung als auch die von Ford initiierte Rationalisierung mittels Fließfertigung. Neben dem allgemeinen technischen Fortschritt haben ebenso rechnergestützte Mehrzweck-Werkzeugmaschinen die industriellen Produktionssysteme geprägt.

---

[102]Vgl. Feldmann (2015).

[103]Vgl. Dombrowski/Hennersdorf/Schmidt (2006), S. 172 ff.

Ganzheitliche Produktionssysteme im heutigen Sinne wurden Ende der 1980er Jahre zunächst werksspezifisch in der Automobilindustrie aufgesetzt.[104] Unternehmensweite Produktionssysteme folgten Mitte der 1990er Jahre.[105]

Ein Produktionssystem im Sinne der Organisationslehre dient als konzeptioneller Rahmen für die Produktionsprozesse eines Unternehmens und konstituiert sich aus übergeordneten Prinzipien und konkreten Methoden.[106] Es legt fest, wie zu produzieren ist.[107] Im Idealzustand einer „schlanken" Produktion wird jedes Produkt bei konkretem Kundenbedarf einzeln und kundenindividuell mit industriellen Mitteln hergestellt.[108] Dabei sind die **Zieldimensionen** hohe Wirtschaftlichkeit, hohe Variabilität, hohe Qualität und hohe Geschwindigkeit simultan zu verfolgen und die teilweise bestehenden Zielkonflikte auszugleichen.

In der Literatur besteht kein einheitliches Verständnis über den Begriff Produktionssystem.[109] Die meisten Autoren beschreiben ein **Ganzheitliches Produktionssystem im engeren Sinne** aus einer ergebnisorientierten Perspektive als eine sachlogisch aufeinander abgestimmte Zusammenstellung bereits bestehender Methoden bzw. Werkzeugen für die ressourceneffiziente Herstellung von Gütern.[110] Unterschiede der Definitionsansätze bestehen im Hinblick auf die einbezogenen Systemelemente (technische versus sozio-technische Definitionen), die gewählte Betrachtungsebene (reales versus konzeptionelles System) und die gesetzten Systemgrenzen des Wertschöpfungsprozesses (Material verarbeitende Prozesse versus Gesamtheit der wertschöpfenden Prozesse).[111] Auf Basis einer Synopse bestehender Definitionen beschreibt Uygun ein Ganzheitliches Produktionssystem im engeren Sinne zusammenfassend als:

- „ein System von Standards, in welchem eine strukturierte Dokumentation von Best-Practices hinterlegt ist,
- ein Rahmenwerk bzw. Ordnungsrahmen von Gestaltungsprinzipien, Methoden und entsprechenden Werkzeugen,

[104]Vgl. Dombrowski/Palluck/Schmidt (2006).

[105]Vgl. Dombrowski/Schulze/Otano (2009).

[106]Vgl. Deuse et al. (2007); Dombrowski (2009), S. 1120; Jödicke (2013), S. 53.

[107]Vgl. Erlach (2010), S. 305.

[108]Vgl. Erlach (2010), S. 23 ff.

[109]Vgl. Baumgärtner (2006); Uygun (2011), S. 26, und die dortige Analyse verschiedener Definitionsansätze.

[110]Vgl. Uygun (2011), S. 22.

[111]Vgl. Baumgärtner (2006).

- ein dynamisches Netzwerk, in welchem der übergeordnete, verknüpfende Charakter von Instrumentarien im Vordergrund steht,
- eine Art Baukasten, welcher den Schwerpunkt bei der konfiguratorischen Anwendung einzelner Elemente sieht,
- eine Form von Betriebs- oder Handlungsanleitung bzw. festgelegtem Regelwerk für die Produktion,
- ein Organisationsmodell als umfassendes Managementkonzept."[112]

Darauf aufbauend erweitert Uygun dieses enge Begriffsverständnis um eine entwicklungsorientierte Sichtweise, sodass ein **Produktionssystem im weiteren Sinne** definiert ist als „unternehmensspezifischer Idealzustand einer effizienten Produktion, der alle produktionsrelevanten Ressourcen und Methoden umfasst, dessen Zweck in der kontinuierlichen Weiterentwicklung der Unternehmensprozesse hinsichtlich der bestmöglichen Zufriedenstellung interner wie auch externer Kundenanforderungen liegt und auf den in kuzzyklischen (sic!) Regelkreisen mitarbeitermotiviert hingearbeitet wird."[113]

Insofern sind Produktionssysteme nicht als systematische Methodensammlung, sondern als Beschreibung eines **dynamischen Handlungssystems zur Optimierung der Produktion** zu begreifen.[114] Als Handlungsfelder für die systematische Konfiguration eines Produktionssystems nennt Erlach die Aspekte vorbereitende Standardisierung, auslösender Informations- und Materialfluss im Wertstrom, robuste Produktionsprozesse, Visualisierung der mit Kennzahlen zu messenden Ergebnisse sowie nachbereitende Maßnahmen zur kontinuierlichen Verbesserung zukünftiger Handlungen.[115]

Produktionssysteme zielen darauf, die Stärken des Taylorismus (Arbeitsteilung, Anweisung und Entlohnungsformen), innovativer Arbeitsformen (Prozessorientierung, Gruppenarbeit und Selbstorganisation) und der Lean Production

---

[112]Uygun (2011), S. 17 ff.

[113]Uygun (2011), S. 24.

[114]Vgl. Erlach (2010), S. 303.

[115]Erlach konkretisiert die Merkmale eines schlanken Produktionssystems wie folgt: „Es ist gegliedert in Handlungsfelder. Es enthält die Beschreibung der Gestaltungsrichtlinien sowie der untergeordneten Gestaltungsregeln und Methoden und legt diese als Standard fest. Es dient der Verwirklichung einer schlanken Fabrik, ausgerichtet an den vier Zieldimensionen Variabilität, Qualität, Geschwindigkeit und Wirtschaftlichkeit. Die mit dem Standards angestrebte kontinuierliche Verbesserung von Produktionsabläufen ist mit geeigneten Kennzahlen zu messen. Als Handlungssystem wird es von den Mitarbeitern unter hoher Mitverantwortung getragen und kann auch nur dann erfolgreich sein, wenn sich alle den Zielen und Methoden verpflichtet fühlen." Erlach (2010), S. 305.

(Verschwendungsvermeidung und Optimierung der Produktion auf Basis des Toyota Produktionssystems; vgl. Abschn. 3.3) zu vereinen.[116] Dabei ist Lean Production das zentrale Element[117], sodass die entsprechenden Prinzipien und Methoden im Folgenden detailliert beleuchtet werden. Der Aspekt der „Schlankheit" (engl. lean) ist dabei ein bewusster Gegensatz zu einer mit Beständen und Überkapazitäten „gepufferten" Produktion (engl. buffered). Der Erfolg der schlanken Prinzipien und Methoden der Lean Production hat die Verbreitung einer systematischen Organisation der Produktion durch Produktionssysteme wesentlich gefördert.[118]

3.3   Lean Production

Im Folgenden sind nach einer Begriffsbestimmung (Abschn. 3.3.1) die Prinzipien (Abschn. 3.3.2), die Methoden (Abschn. 3.3.3) und die Anwendungsbereiche (Abschn. 3.3.4) des schlanken Denkens dazustellen. Die Lean-Prinzipien sind die Grundregeln, die dem schlanken Denken (engl. „Lean Thinking") und damit der Lean Production zugrunde liegen. Die Methoden der Lean Production dienen der Umsetzung der Prinzipien und stehen zu ihnen in einer Mittel-Zweck-Beziehung. Im Anschluss ist in Kapitel Vier zu analysieren, inwieweit der Einsatz des 3D-Drucks mit den Prinzipien der Lean Production vereinbar ist bzw. inwieweit er im Rahmen der Lean-Methoden integrierbar ist.

3.3.1   Begriffsbestimmung

Im Kern der Lean-Philosophie steht die Forderung, dass bei der Gestaltung eines Produktionssystems jegliche Verschwendung zu vermeiden ist.[119] Um nachhaltig Gewinn zu erwirtschaften, ist in einem verschwendungsarmen bzw. schlanken Produktionssystem nicht nur effizient bzw. kostengünstig zu arbeiten, sondern ebenso das dem Kundenwunsch entsprechende Produkt zu produzieren.

Eine Definition des Begriffs **Lean** gestaltet sich schwierig, da er inflationär und vieldeutig für verschiedene Themen verwendet wird.[120] Gemeinsam haben

---

[116]Vgl. Spath (2003). Vgl. im Folgenden in Anlehnung an Uygun (2011), S. 10 ff.

[117]Vgl. Springer (2002), S. 14 ff.

[118]Vgl. Erlach (2010), S. 301 f.

[119]Vgl. Erlach (2010), S. 3.

[120]Vgl. Zollondz (2013), S. I, XIX.

die unterschiedlichen Perspektiven, dass der Kunde und die **Wertschöpfung** im Fokus stehen. Alle Prozesse und Aktivitäten eines Unternehmens sind aufeinander abzustimmen und kontinuierlich zu verbessern, um den **Wert für den Kunden** zu maximieren und **Verschwendung** zu eliminieren bzw. nicht wertschaffende Elemente in der Organisation zu minimieren (vgl. Abschn. 3.3.2).[121] Effizienzwirkungen schlanker Produktion sind Kostensenkungen durch geringere Bestände, reduziertes Personal und geringeren Flächenbedarf. Die Wettbewerbsfähigkeit wird nicht nur durch Kostensenkungen und kürzere Durchlaufzeiten, sondern ebenso durch verbesserte Qualität und erhöhte Individualisierung der Produkte gemäß Kundenwunsch erhöht.[122] Womack und Jones prägten den Begriff **Lean Thinking** und kennzeichnen damit die Philosophie bzw. das Gedankengut, auf denen schlanke Produktionssysteme basieren: „... a way to do more and more with less and less – less human effort, less equipment, less time, and less space – while coming closer and closer to providing customers with exactly what they want."[123] Schlankes Denken ist ein Mittel zur Vermeidung von Verschwendung.

Die Anfänge und das heutige Verständnis der **Lean Production** gehen zurück auf das Toyota Produktionssystem (TPS) und dessen Erfinder Ohno[124] sowie auf Ford. Letzterer erreichte 1913 bedeutende Effizienzsteigerungen in der Massenproduktion von Automobilen durch die Einführung des Fluss-Systems mit Hilfe von Fließbändern.[125] Ohno adaptierte das Ford-System für Toyota in Japan in den 1950er Jahren für kleinere Stückzahlen, u. a. durch die **Verkürzung der Rüstzeiten**.[126] Der Fokus lag dabei auf der effizienten Nutzung der limitierten Rohstoffe und der konsequenten Ausrichtung auf die Kundenbedürfnisse. Ziele des TPS sind kurze Durchlaufzeiten und niedrige Kosten bei gleichzeitig höchster Qualität, Sicherheit und Arbeitsmoral.[127] Die Fokussierung auf die Eliminierung

---

[121]Vgl. Gorecki/Pautsch (2014), S. 1; Lean Enterprise Institute (2016), o. S.; Womack/Jones (2013); Womack/Jones/Roos (2007); Ziegenbein (2014), S. 2; Zollondz (2013), S. XIX.

[122]Vgl. Brunner (2008), S. 66; Liker/Meier (2009), S. 48; Ohno (2013), S. 42 f.; Ziegenbein (2014), S. 1 f.

[123]Womack/Jones (2013), S. 15.

[124]Vgl. Ohno (2013), ehemaliger stellvertretender Geschäftsführer von Toyota; ebenso Womack/Jones/Roos (2007), S. 9.

[125]Vgl. Womack/Jones (2013), S. 32. Henry Ford erzielte 1913 bedeutende Effizienzsteigerungen in der Massenproduktion von Automobilen durch die Einführung des Fluss-Systems mit Hilfe von Fließbändern. Vgl. Gorecki/Pautsch (2014), S. 3.

[126]Vgl. Womack/Jones (2013), S. 33; Zollondz (2011), S. 104 f.

[127]Vgl. Liker (2005), S. 65.

von Verschwendung ist dabei als Ansatz zu verstehen, um den Zielkonflikt zwischen Durchlaufzeit, Qualität und Kosten zu harmonisieren.[128] Mit weniger Input in Form von Arbeit, Material Betriebsmitteln, Zeit und Raum soll mehr Output erzeugt und damit die Kundenbedürfnisse besser erfüllt werden.[129]

Eine Forschergruppe des Michigan Institute of Technology (MIT) erforschte später weltweit die Unterschiede in der Produktion verschiedener Automobilhersteller mit dem Fokus auf den Vorteilen des TPS.[130] Krafcik, ein Mitglied der o. g. Forschergruppe, prägte damit den Begriff Lean Production in Abgrenzung zur Massenproduktion der damaligen Zeit, die durch große Pufferlager („buffered production") und prognosebasierte Losfertigung charakterisiert war.[131]

Vor einer Erläuterung des TPS sind im Folgenden die Begriffe Lean Production und Lean Management kurz zu beschreiben und voneinander abzugrenzen. Der Begriff **Lean Production** bezeichnet die Anwendung schlanker Philosophie bzw. Prinzipien (Lean Thinking) bei der Gestaltung des Produktionssystems und ist somit als die generische Version des TPS aufzufassen.[132] Die „schlanke" Produktion als Übersetzung der „Lean" Production ist nicht als dünn misszuverstehen: „… die Muskeln sollten bleiben, nur der Speck muss weg."[133] Der Begriff **Lean Management** beschreibt ein Managementsystem für das gesamte Unternehmen, bei der das schlanke Denken über die Produktion hinaus auf sämtliche Unternehmensprozesse und -bereiche erweitert wird.[134] In der Literatur herrscht allerdings Uneinigkeit über die synonyme Verwendung bzw. definitorische Abgrenzung der Begriffe.[135]

Ein **schlankes Produktionssystem** bezeichnet im Folgenden ein verschwendungsarmes Produktionssystem, das basierend auf der Philosophie des Lean Thinking mittels der Prinzipien und Methoden der Lean Production organisiert ist. Das **Toyota Produktionssystem (TPS)** gilt als erstes schlankes

---

[128]Vgl. Ohno (2013), S. 37.

[129]Vgl. Womack/Jones (2013), S. 23.

[130]Vgl. Womack/Jones/Roos (2007).

[131]Vgl. Womack/Jones/Roos (2007), S. 11; ebenso Krafcik (1988).

[132]Vgl. Womack/Jones/Roos (2007), S. 2; Womack/Jones (2013).

[133]Erlach (2010), S. 4.

[134]Vgl. Pfeiffer/Weiß (1992), S. 43.

[135]Vgl. Liker (2004), S. 409; Zollondz (2011), S. 405.

Produktionssystem.[136] Es handelt sich beim TPS um ein Produktionssystem, bei dem ein Fluss im Produktionsprozess sowie das Kanban-System als wesentliche Elemente für die Umsetzung einer bedarfssynchronen Just-in-time-Produktion dienen, um die Wirtschaftlichkeit der Produktion zu steigern (vgl. Abb. 3.4).[137]

Zwei wichtige Säulen des TPS sind das Prinzip Just-in-time und die autonome Automation (jap. Jidoka). **Just-in-time** bedeutet, dass sich der interne oder externe Kunde (Empfänger) seinen Materialbedarf bedarfssynchron vom Zulieferer bereitstellen lässt.[138] In einer Fließfertigung liegt somit bei jedem Arbeitsschritt genau das Teil vor, das benötigt wird, genau zum richtigen Zeitpunkt und exakt in der benötigten Menge. Im Idealfall nähert sich das Unternehmen damit einem Null-Lagerbestand an. **Jidoka** stellt die zweite wichtige Säule des TPS dar und bezeichnet die autonome bzw. „intelligente" Automation.[139] Bei dieser „Automation mit menschlichen Zügen"[140] werden Maschine mit Vorrichtungen ausgerüstet, welche die massenhafte Herstellung defekter Teile verhindern. Dabei halten Maschinen bei einer Abweichung von einer Zielgröße bzw. einer Störung an, um die Weitergabe nicht qualitätskonformer Teile zu verhindern. Dadurch wird zum einen Verschwendung durch Produktion von Teilen, die den Anforderungen interner bzw. externer Kunden nicht entsprechen, vorgebeugt. Zum anderen wird das Problem sichtbar und die Ursache kann nachhaltig behoben werden.

Die **Fähigkeiten der Mitarbeiter und Teamarbeit** sind ein wichtiges Kernelement des TPS.[141] Jidoka verhindert Verschwendung in der Fertigung durch Überproduktion und die Herstellung fehlerhafter Produkte. Dafür sind Standards bei der Arbeit strikt einzuhalten, die wiederum bestimmte Fähigkeiten der Mitarbeiter bzw. des Teams in Summe erfordern. Entscheidend ist nicht, wie viele Teile ein Arbeiter in einer Zeiteinheit bearbeitet, sondern wie viele Produkte vom Produktionssystem als Ganzes fertiggestellt werden können. Die weiteren Elemente des TPS neben Just-in-time, Jidoka und Fähigkeiten des Teams werden im folgenden Abschn. 3.3.2 detailliert beleuchtet. Die einzelnen Elemente sind nicht als separate Erfolgsfaktoren zu verstehen. Vielmehr ist der Systemgedanke bzw. das

---

[136]Vgl. Womack/Jones (2013), S. 15, 133.

[137]Vgl. Ohno (2013).

[138]Vgl. Ohno (2013), S. 37 f.; Zollondz (2013), S. 18, 128 f.

[139]Vgl. Ohno (2013), S. 40, 163 f.; Zollondz (2013), S. 274.

[140]Ohno (2013), S. 40.

[141]Vgl. Ohno (2013), S. 41 f., 58 f.; Zollondz (2013), S. 148 ff.

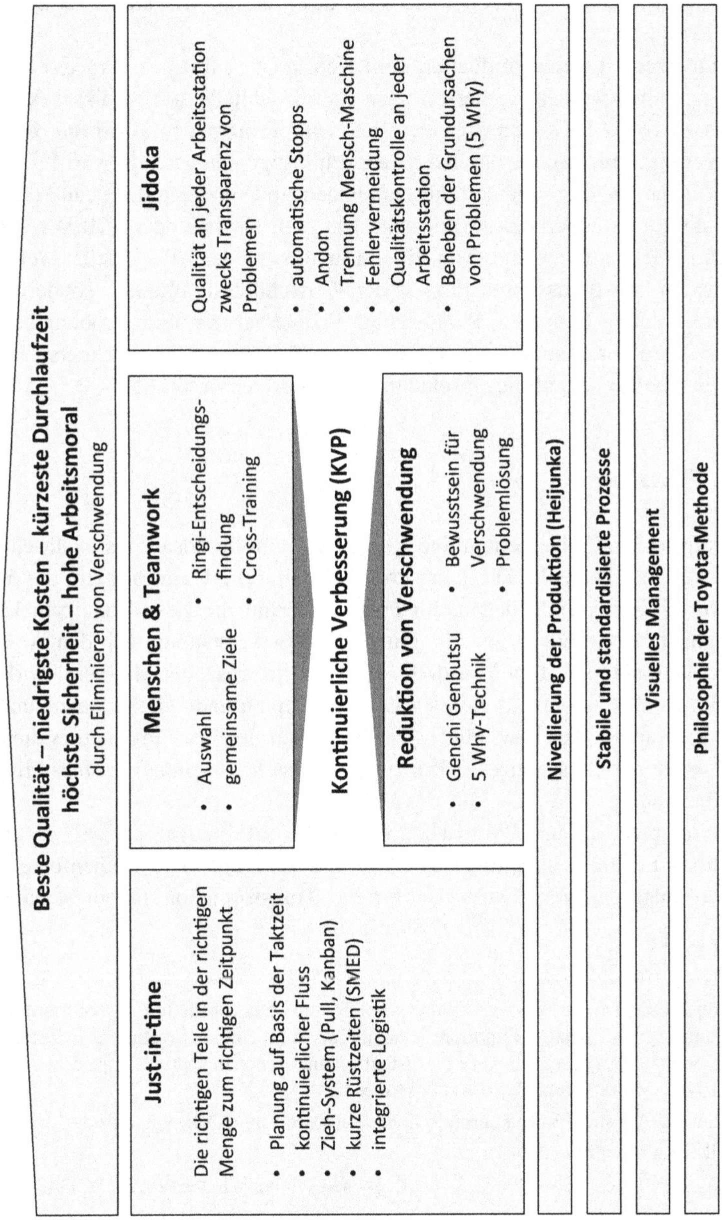

Beste Qualität – niedrigste Kosten – kürzeste Durchlaufzeit höchste Sicherheit – hohe Arbeitsmoral
durch Eliminieren von Verschwendung

Just-in-time

Die richtigen Teile in der richtigen Menge zum richtigen Zeitpunkt

- Planung auf Basis der Taktzeit
- kontinuierlicher Fluss
- Zieh-System (Pull, Kanban)
- kurze Rüstzeiten (SMED)
- integrierte Logistik

Menschen & Teamwork

- Auswahl
- gemeinsame Ziele
- Ringi-Entscheidungsfindung
- Cross-Training

Jidoka

Qualität an jeder Arbeitsstation zwecks Transparenz von Problemen

- automatische Stopps
- Andon
- Trennung Mensch-Maschine
- Fehlervermeidung
- Qualitätskontrolle an jeder Arbeitsstation
- Beheben der Grundursachen von Problemen (5 Why)

Kontinuierliche Verbesserung (KVP)

Reduktion von Verschwendung

- Genchi Genbutsu
- 5 Why-Technik
- Bewusstsein für Verschwendung
- Problemlösung

Nivellierung der Produktion (Heijunka)

Stabile und standardisierte Prozesse

Visuelles Management

Philosophie der Toyota-Methode

Abb. 3.4 Das Toyota Produktionssystem (TPS). (Eigene Darstellung in Anlehnung an Liker (2004), S. 33.)

konsistente Zusammenwirken aller Elemente des Produktionssystems der Schlüssel zum Erfolg.[142]

Abzugrenzen ist Lean Production vom Konzept des Business Process Reengineering. Dabei werden Verbesserungen durch schnelle und radikale Veränderungen verfolgt. Dies unterscheidet sich vom Prinzip der **kontinuierlichen Verbesserung (Kaizen)**, die durch die Lean-Philosophie angestrebt wird.[143]

Das folgende Kapitel erläutert die grundlegenden Prinzipien der Lean Production. Konkrete Methoden bzw. Werkzeuge wie z. B. Kanban oder SMED werden in Abschn. 3.3.3 aufgegriffen. Von einer Darstellung des 4P-Modells, welches nicht nur den hier fokussierten Prozess der Wertschöpfung umfasst, sondern die ebenso relevanten Elemente Philosophie, People/Partner und Problemlösung beinhaltet, wird vor dem Hintergrund der engen Zielsetzung dieser Untersuchung abgesehen. Hierfür sei auf die einschlägige Literatur verwiesen.[144]

3.3.2 Prinzipien

Ein Prinzip ist eine allgemeingültige Regel bzw. ein Grundsatz als Richtschnur zum Denken und Handeln. Die Lean-Prinzipien sind die **Grundregeln,** die dem **Lean Thinking** zugrunde liegen. Im Folgenden sind die Lean-Prinzipien kurz und prägnant darzustellen, um ein grundlegendes Verständnis für den Ansatz Lean Production zu schaffen. Auf dieser Basis ist im Anschluss die Vereinbarkeit der Merkmale des 3D-Drucks mit den Lean-Prinzipien und -Methoden zu analysieren (vgl. Kapitel Vier bzw. Fünf). Die Methoden der Lean Production dienen als Werkzeuge zur Umsetzung der Prinzipien und stehen zu ihnen in einer Mittel-Zweck-Beziehung.

Die Prinzipien, die u. a. Womack, Jones und Roos[145] sowie Liker[146] aufgreifen, beruhen in ihrem Ursprung auf Ohno und dem TPS. Die Reihenfolge der Prinzipien folgt der Vorgehensweise für die Transformation in ein schlankes

---

[142]„The key to the Toyota Way and what makes Toyota stand out is not any of the individual elements. … But what is important is having all the elements together as a system. It must be practiced every day in a very consistent manner – not in spurts." Fujio Cho, Präsident der Toyota Motor Company, zitiert bei Liker (2004), S. XV.

[143]Vgl. Vahs (2015), S. 275. Zu kontinuierlicher Verbesserung (KVP) vgl. Abschn. 3.3.

[144]Vgl. Liker (2004); Ohno (2013).

[145]Vgl. Womack/Jones/Roos (2007), S. 71 ff.; ebenso Womack/Jones (2013), S. 23 ff.

[146]Vgl. Liker (2004).

Tab. 3.5 Synopse zu Lean-Prinzipien: Ohno versus Liker. (Eigene Darstellung in Anlehnung an Ohno (2013), S. 37 ff.; Liker (2004), S. 37 ff.)

Lean-Prinzipien gem. Ohno	Lean-Prinzipien gem. Liker
Definition des Kundennutzens	Bereiche der Wertschöpfung
Definition des Wertstroms	Kontinuierlicher Fluss
Kontinuierlicher Fluss	Steuerung mittels Pull-System
Nivellierung bzw. Glättung des Produktionsvolumens	Nivellierung bzw. Glättung des Produktionsvolumens
Minimierung der Verschwendung	Ermöglichen von Stopps
Steuerung mittels Pull-System	Standardisierte Aufgaben
Streben nach Perfektion	Visuelle Kontrolle
	Einsatz stabiler, flexibler, zuverlässiger Technologie

Produktionssystem. Als Basis und erster Schritt wird die Wertdefinition für den Kunden erachtet.[147] Die darauffolgenden Prinzipien resultieren aus den davorliegenden Schritten bzw. Prinzipien.[148] Abweichend von Womack/Jones, Ohno und Liker wird die Verschwendung in dieser Arbeit separat betrachtet, um eine systematische Struktur für die anschließende Analyse der Vereinbarkeit mit den Merkmalen des 3D-Drucks abzuleiten. Tab. 3.5 stellt die Lean-Prinzipien gemäß Ohno versus Liker gegenüber.

Im Folgenden werden auf Basis der vorgenannten Quellen zehn zentrale Prinzipien aus dem Bereich „Prozesse" der 4P vorgestellt (vgl. Tab. 3.6). Dabei werden die Prinzipien des TPS (Ohno) um die prozessrelevanten Lean-Prinzipien von Liker ergänzt. Diese drei Prinzipien (Ermöglichen von Stopps, visuelle Kontrolle sowie der Einsatz stabiler, flexibler und zuverlässiger Technologie) sind zum Teil im TPS als Methoden aufgeführt, um bestimmte Prinzipien zu unterstützen. Sie werden für die spätere Beurteilung des 3D-Drucks als Prinzipien aufgefasst. Die Prinzipien „Definition des Kundennutzens" aus dem TPS und „Bereiche der Wertschöpfung" von Liker werden aufgrund ihrer inhaltlichen Überschneidungen zusammengefasst. Ebenso konsolidiert werden die Prinzipien „Streben nach Perfektion" sowie „Standardisierte Aufgaben". Die Reihenfolge stellt keine Priorisierung dar.

---

[147]Vgl. Womack/Jones (2013), S. 24.
[148]Vgl. ebenda, S. 24 ff.

Tab. 3.6 Überblick über die Lean-Prinzipien

Nr.	Prinzip
1	Steigerung des Kundennutzens bzw. des Werts für den Kunden
2	Definition des Wertstroms
3	Minimierung der Verschwendung
4	Erzeugen eines kontinuierlichen Flusses
5	Nivellierung bzw. Streben nach Glättung des Produktionsvolumens
6	Steuerung mittels Pull-System
7	Streben nach Perfektion durch Standardisierung
8	Visuelle Kontrolle
9	Ermöglichen von Stopps
10	Einsatz stabiler, flexibler und zuverlässiger Technologie

Steigerung des Kundennutzens bzw. des Werts für den Kunden

Alle Unternehmensaktivitäten haben der Befriedigung der Kundenbedürfnisse und damit der Schaffung des Werts für den Kunden zu dienen.[149] Ausgangspunkt für die Gestaltung eines schlanken Produktionssystems ist der Wert, dem der Kunde einem Produkt oder einer Dienstleistung auf Basis der Kundenanforderungen beimisst. Somit müssen Unternehmen in einem ersten Schritt den Wert der Produkte, die sie herstellen bzw. der Dienstleistungen, die sie anbieten, identifizieren und definieren. Es ist ausschließlich der Output zu erzeugen, den der (interne bzw. externe) Kunde verlangt bzw. der dem Kunden einen Nutzen stiftet.[150] Für die Gestaltung des Produktionssystems ist der Output so zu gestalten, dass die Kundenbedürfnisse bestmöglich befriedigt werden. Dafür müssen Unternehmen sich in die Lage des potenziellen Kunden versetzen, der dabei als integraler Bestandteil des Produktionsprozesses angesehen wird.[151]

Die Wertschöpfung ist die Differenz zwischen dem Wert eines Teils vor und nach der Ver- bzw. Bearbeitung.[152] Bereiche der Wertschöpfung sind in diesem Zusammenhang u. a. solche Produktmerkmale, Erzeugnisse oder Industriezweige,

---

[149]Vgl. Womack/Jones (2013), S. 24 ff., 41 ff.

[150]Vgl. Liker (2004), S. 24.

[151]Vgl. Womack/Jones/Roos (2007), S. 191.

[152]Vgl. Zollondz (2013), S. 32.

für die durch den Gebrauch einer bestimmten Technologie ein Mehrwert entsteht.[153]

Definition des Wertstroms
Nach der Ermittlung des Kundenwerts ist der Wertstrom zu definieren. Die
Komponente „Wert" im Begriff Wertstrom zielt auf die mit der Herstellung von
Produkten verbundene Wertschöpfung, d. h. beim Produzieren erhalten die Aus-
gangsmaterialien einen zusätzlichen Wert.[154] Der Begriffsbestandteil „Strom"
bezieht sich auf die räumliche Bewegung und qualitative Veränderung der Teile
bzw. Produkte im Produktionsfluss. Der Wertstrom umfasst alle Aktivitäten, die
für die Transformation eines oder mehrerer Rohmaterialien zu einem Bauteil oder
Produkt notwendig sind.[155] Konkret sind dies im direkten Bereich produzierende
und logistische Tätigkeiten sowie indirekte Tätigkeiten wie arbeitsvorbereitende
Planung und Steuerung, Instandhaltung und Wartung der Maschinen und Anlagen. Die sog. Wertstrommethode visualisiert sowohl die Produktionsprozesse als
auch den Material- und Informationsfluss in einer gemeinsamen Darstellung.[156]
    Für die Definition des Wertstroms werden zunächst alle Aktivitäten zur Erstel-
lung eines Produktes vor Ort (jap. Gemba)[157] beobachtet und mit standardisierten
Symbolen visualisiert (sog. Value Stream Mapping), um Verschwendung aufzudecken.[158] Diese Ist-Aufnahme (jap. Genchi Genbutsu)[159] bildet die Grundlage
zur Anwendung der Prinzipien und Werkzeuge.[160] Aufgenommen werden neben
den Aktivitäten typischerweise folgende Daten: Zyklus- und Rüstzeit, Kapazität,
Lagerbestand, Nachbearbeitungs- und Ausschussquote, Informationsfluss etc.[161]
Die erfassten Aktivitäten werden folgenden drei Kategorien zugeordnet: 1) Wertschöpfende Aktivitäten, 2) nicht wertschöpfende, aber notwendige Aktivitäten

---

[153]Vgl. Liker (2004), S. 160.

[154]Vgl. Erlach (2010), S. 8 f.

[155]Vgl. Erlach (2010), S. 11. Eine weiter gefasste Definition umfasst die Produktentwicklung, das Informationsmanagement und die physikalischen Transformation von Rohstoffen
entlang der Wertschöpfungskette bis zum fertigen Produkt beim Kunden. Vgl. Womack/
Jones (2013), S. 28 ff., 50 ff.

[156]Vgl. Erlach (2010), S. 7 ff.

[157]Vgl. Gorecki/Pautsch (2014), S. 4.

[158]Vgl. Erlach (2010), S. 31 ff.; Rother/Shook (2015), S. 1 ff., 11 ff., 51 ff.

[159]Vgl. ebenda.

[160]Vgl. ebenda, S. 103.

[161]Vgl. ebenda, S. 105 f.

im Rahmen der Produktherstellung sowie 3) nicht wertschöpfende Aktivitäten (Blindleistungen), die keinen Wert für die Herstellung des Produktes haben. Aktivitäten, die der dritten Kategorie zugeordnet sind, sind direkt zu eliminieren.[162] Im nächsten Schritt werden die Ergebnisse der Aufnahme analysiert, im Rahmen der Wertstromanalyse Verbesserungsmaßnahmen identifiziert und ein optimierter Soll-Wertstrom definiert (sog. Value Stream Design).[163] Der Wertschöpfungsprozess ist dabei vom Endkunden aus rückwärts entlang der gesamten Wertschöpfungskette zu betrachten.[164] Dabei dient die Visualisierung des Wertstroms als Kommunikationsplattform für ein gemeinsames Verständnis über den aktuellen Istzustand sowie den angestrebten Sollzustand eines Wertstroms.[165]

Minimierung der Verschwendung

Lean zielt darauf, alle Arten von Verschwendung (jap. Muda)[166] zu eliminieren. Muda ist jede Aktivität, die Ressourcen verzehrt (und damit Kosten verursacht), aber keinen Wert erzeugt.[167] In der Regel sind es in einem Wertschöpfungsprozess nur bestimmte Tätigkeiten, die wirklich den Wert der Prozessergebnisse für den Kunden erhöhen.[168] Entsprechend sind die nicht wertsteigernden Tätigkeiten zu eliminieren bzw. auf ein Mindestmaß zu reduzieren. Weitere Verschwendungsarten sind die Überlastung von Mensch, Maschine und Material (jap. Muri) und Ungleichmäßigkeit in Nachfrage und Produktion (jap. Mura). Überlastung resultiert in stärkeren Verschleiß und erhöht das Ausfallrisiko.[169] Ungleichmäßige Produktionsprozesse bzw. Nachfrageschwankungen führen zu zeitweise sehr hohen Kapazitätsbedarfen, denen in anderen Phasen Leerlauf bzw. relativ niedrige Kapazitätsauslastung gegenüberstehen. Verursacht wird Mura nicht nur durch externe Nachfrageschwankungen, sondern ebenso durch nicht synchron getaktete Produktionsstufen und andere interne Einflussfaktoren. Die Ungleichmäßigkeit stört den Fluss und führt zu Verschwendung, z. B. durch Bestände oder zu hohe Kapazitäten.

---

[162]Vgl. Womack/Jones (2013), S. 51.

[163]Vgl. Gorecki/Pautsch (2014), S. 106.

[164]Vgl. Ohno (2013), S. 39.

[165]Vgl. Erlach (2010), S. 8.

[166]Vgl. Womack/Jones (2013), S. 23.

[167]Womack/Jones (2013), S. 23; Zollondz (2013), S. 126.

[168]Vgl. Zollondz (2013), S. 33.

[169]Vgl. Ohno (2013), S. 78.

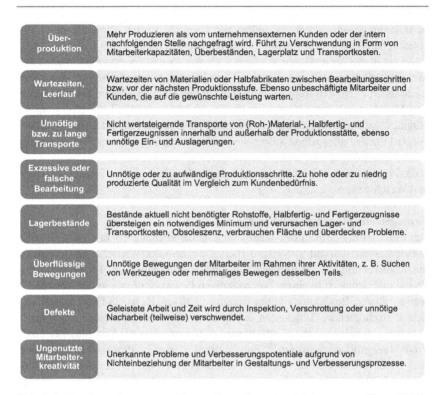

Abb. 3.5 Verschwendungsarten. (Eigene Darstellung in Anlehnung an Ohno (2013), S. 165 f.)

Die Minimierung der Verschwendung als zentrales Element des Lean Thinking[170] wird hier als separates Prinzip behandelt. Es lassen sich acht Verschwendungsarten unterschieden, die in Abb. 3.5 dargestellt sind. Die ersten sieben Verschwendungsarten gehen zurück auf Ohno.[171] Die ungenutzte Mitarbeiterkreativität als achte Verschwendungsart wurde in der weiteren Entwicklung ergänzt. Durch die Eliminierung der Verschwendung wird die Rentabilität des

---

[170]Vgl. Erlach (2013), S. 97; ebenso Slack (2011), S. 252; Liker (2004), S. 27; Womack/Jones (2013), S. 23.

[171]Vgl. Ohno (2013), S. 54.

Produktionssystems gesteigert, indem vor allem die Kosten, die nicht durch die eigentliche Wertschöpfung bedingt sind, reduziert werden.

Es sei darauf hingewiesen, dass ein schlankes Produktionssystem ein gewisses Maß an Risikobereitschaft erfordert.[172] Das Eliminieren von Verschwendung zielt unter anderem auf den Abbau von Beständen und Überkapazitäten bei Maschinen und Mitarbeitern. Diese dienen als Puffer vor allem der Risikominimierung im Hinblick auf Nachfrageschwankungen und Probleme im Produktionsprozess. Bei Wegfall dieser Puffer haben Störungen im Wertschöpfungsprozess direkt negative Auswirkungen wie z. B. Lieferrückstände aufgrund eines Produktionsstillstands, sodass (gewünschter) Druck zur nachhaltigen Beseitigung von Problemursachen und Verschwendung entsteht.

Erzeugen eines kontinuierlichen Flusses
Der Fluss ist der „Strom des Wertes ohne Unterbrechung"[173] in das Produkt.[174] Dieser bezieht sich auf alle erforderlichen Schritte der Wertschöpfung, konkret die Konstruktion, Auftragsabwicklung und Herstellung eines Produkts.[175] Ein Produkt ist demnach in einem durchgängigen Prozess zu fertigen ohne beispielsweise vor einer Produktionsstation warten zu müssen. Es ist ein Fluss ausschließlich wertschöpfender Tätigkeiten anzustreben, die in das Produkt „einfließen". Durch eine kontinuierliche Fließfertigung wird zum einen die Durchlaufzeit eines Produkts signifikant reduziert.[176] Zum anderen werden im Prozessfluss Menschen und Maschinen so miteinander verknüpft, dass Probleme sofort transparent sind. Damit sind fließende Prozesse die Basis für einen kontinuierlichen Verbesserungsprozess.

Der Begriff one-piece-flow (Einzelstückfluss; synonym: single-piece-flow) bezeichnet eine kontinuierliche Fließfertigung mit dem Ziel der Losgröße 1.[177] Dabei ist die Arbeitsteilung so realisiert, dass sich an jedem mit einem Mitarbeiter besetzten Arbeitsplatz genau ein angearbeitetes Produkt befindet. Sobald ein Prozessschritt abgeschlossen ist, wird das angearbeitete Produkt umgehend zum folgenden Prozessschritt weitergereicht.[178] Somit ist der Wertstrom im Idealzustand

---

[172]Vgl. Erlach (2010), S. 259.
[173]Gorecki/Pautsch (2014), S. 3.
[174]Vgl. Ohno (2013), S. 45 f.
[175]Womack/Jones (2013), S. 32.
[176]Vgl. Liker/Meier (2009), S. 35.
[177]Vgl. Takeda (2012), S. 43 ff.; Zollondz (2013), S. 277 f.
[178]Vgl. Erlach (2010), S. 148; Takeda (2012), S. 43 ff.; Zollondz (2013), S. 277 f.

ein Prozess, in den das Rohmaterial „hineinfließt" und daraus ohne Unterbrechung der Bearbeitung unmittelbar das Endprodukt hergestellt wird.[179] Dieses Ziel ist durch Integration ehemals getrennter Produktionsprozesse zu erreichen. Kleine Losgrößen sind eine Voraussetzung für eine flexible, absatzsynchrone Reaktion auf Nachfrageschwankungen und ein funktionierendes Pull-System. Im Idealfall ermöglicht der one-piece-flow eine Fertigung synchron zum Kundentakt, sodass der Strom des Wertes in den Prozessen in Übereinstimmung mit der Kundennachfrage erfolgt. Dies erfordert, dass die Kapazität der integrierten Prozessschritte jeweils dem Kundentakt entspricht. Der Kundentakt ist eine auf der Absatzrate basierende Produktionsrate pro Zeiteinheit, welche die Synchronisierung von Fertigungs- und Verkaufsrhythmus unterstützt. Voraussetzung für einen wirklichen one-piece-flow ist eine Rüstzeit, welche die Taktzeit nicht überschreitet (vgl. SMED-Methode in Abschn. 3.3.3). Sollte ein one-piece-flow nicht realisierbar sein, so ist die nächstbeste Lösung die Implementierung eines Pull-Systems mittels Kanban.[180] Dies impliziert allerdings einen definierten Bestand und damit einen gewissen Grad an Verschwendung.

Die Implementierung eines one-piece-flows reduziert Verschwendung auf vielfältige Weise.[181] Pufferbestände vor und nach den Arbeitsstationen werden im Idealfall vermieden. Dies verringert Lagerkosten und Platzbedarf. Hohe Qualität ist systemimmanent, da Probleme aufgrund fehlender Puffer umgehend entdeckt und behoben werden müssen. Wenn die Rüstzeit kürzer als die Taktzeit ist, erhöht der one-piece-flow die Flexibilität, da neue Aufträge ohne lange Wartezeiten (im Gegensatz zu rüstzeitgetriebener Kampagnenfertigung) gefertigt werden können. Die Produktivität steigt, da nicht wertschöpfende Aktivitäten leicht identifizierbar sind und der Kapazitätsbedarf bei einem definierten Kundentakt auf Basis der wertschöpfenden Aktivitäten einfach zu berechnen ist.

Mit dem Fluss-Prinzip verbunden ist der Begriff Just-in-time (JIT). Dies bedeutet, dass die genaue Anzahl der Teile, die für die Produktion und Montage eines Produktes benötigt werden, genau zu dem Zeitpunkt am Ort der Be- bzw. Verarbeitung eintreffen, an dem der Bedarf besteht. So kann ein Fluss-System mit durchgängiger Wertschöpfung realisiert werden.[182]

---

[179]Vgl. Erlach (2010), S. 148.

[180]„Flow where you can, pull where you must." Rother/Shook (1999).

[181]Vgl. Liker (2004), S. 95 f.

[182]Vgl. Ohno (2013), S. 37; ebenso Womack/Jones (2013), S. 75.

In der traditionellen Fertigung ohne Fluss-Prinzip werden Puffer zwischen den einzelnen Produktionsschritten aufgebaut.[183] Dies führt zu Beständen und längeren Durchlaufzeiten, da Halbfabrikate vor der nächsten Fertigungsstufe warten und damit Kosten entstehen, da u. a. Kapital gebunden und Stellfläche benötigt wird. Beim Fluss-Prinzip werden Probleme schneller sichtbar und die Information über diese gelangt an alle anderen Bearbeitungsstationen, sodass mehrere Beteiligte gemeinsam eine übergreifende Lösung erarbeiten. Daraus resultiert eine Verkürzung der Durchlaufzeiten in Konstruktion, Fertigung und Auftragsbearbeitung von 75 bis 90 % sowie signifikanten Reduktionen von Kosten, Raumbedarf und Fehlern.[184]

Nivellierung bzw. Streben nach Glättung des Produktionsvolumens
Auf große Nachfrageschwankungen wurde in der Fertigung traditionell mit dem Vorhalten von Maschinen- und Mitarbeiterkapazität sowie Lagerbeständen reagiert, um Nachfragespitzen zeitgerecht bedienen zu können. Bei der Nivellierung der Produktion wird ein anderer Ansatz verfolgt.[185] Ziel der Nivellierung (jap. Heijunka) bzw. der Glättung des Produktionsvolumens ist eine gleichmäßige Auslastung der Produktionsmittel und damit die Eliminierung der Verschwendungsarten Mura und Muri.

Bei der Nivellierung werden die Produktionsprozesse von den Schwankungen der Kundennachfrage entkoppelt. Die Nachfrage einer Periode wird im Hinblick auf Volumen und Mix der Produktvarianten gleichmäßig über die Periode verteilt. Dafür werden nicht je Auftrag verschiedene Losgrößen in unterschiedlichen Zeitabständen eingesteuert, sondern immer gleiche Mengen (sog. Freigabeeinheiten bzw. engl. Pitches) in gleichen Zeiteinheiten.[186] Dies resultiert in viele kleine (statt wenige große) Lose, die für ein gleichmäßiges Produktionsvolumen sorgen. In diesem Zusammenhang wird die Nivellierung als „Wellenbrecher" bezeichnet, da die Produktion bis zu einem gewissen Grade von Nachfrageschwankungen des Marktes entkoppelt wird (z. B. mittels eines Heijunka-Boards).[187] Unabdingbare Voraussetzung für eine effektive und effiziente Nivellierung sind kurze Umrüstzeiten mittels SMED (Single-Minute-Exchange-of-Dies; vgl. Abschn. 3.3.3), um

---

[183]Vgl. Slack/Brandon-Jones/Johnston (2011), S. 248 f.
[184]Vgl. Womack/Jones (2013), S. 36.
[185]Vgl. Ohno (2013), S. 74 ff.
[186]Vgl. Erlach (2010), S. 231 ff.
[187]Vgl. Gorecki/Pautsch (2014), S. 231; ebenso Feldmann (2014), S. 40 ff.

bei niedrigen Rüstkosten kleine Losgrößen wirtschaftlich fertigen zu können.[188] Die Isolierung von „Exoten"-Produktvarianten[189] im Produktionsprogramm kann als flankierende Maßnahme zur Verringerung des Rüstaufwands dienen. Durch die Nivellierung wird der Kundennachfrage effizienter begegnet, die Flexibilität erhöht und die Lieferzeiten verkürzt.[190] Die Notwendigkeit des Vorhaltens von Überkapazitäten an Maschinen und Mitarbeitern sowie Lagerbeständen und -flächen zur Reaktion auf Nachfragespitzen entfällt bei geglätteter bzw. stabiler Kapazitätsauslastung und einem stetigen Fluss.[191] Das Risiko, die produzierten Güter nicht verkaufen zu können, wird reduziert.[192] Dadurch verringern sich Lager- und Verschrottungskosten. Die vorgenannten Vorteile der geglätteten Nachfrage erlauben ebenso den Lieferanten ihre Bestände zu senken.

Steuerung mittels Pull-System
In einem nach dem „Zieh-Prinzip" gesteuerten Pull-System mittels Kanban wird ein Produkt bedarfssynchron erst gefertigt, wenn ein (interner oder externer) Kunde dieses nachfragt.[193] Im Rahmen der Produktion setzt eine Produktionsaktivität auf einer vorgelagerten Stufe erst durch die Nachfrage der nachgelagerten Stufe ein. Das Pull-System steht im Gegensatz zum prognosebasierten Push-System, in dem Hersteller Produkte in Antizipation einer eventuellen Nachfrage für den Markt produzieren („Schiebe-Prinzip") und so Produktion und Absatz über Bestände entkoppeln. Dabei besteht die Gefahr, dass das produzierte Produkt nicht bzw. in nicht prognostizierter Menge nachgefragt wird. In Abhängigkeit der Höhe des Prognosefehlers drohen Lagerbestände und Obsoleszenz bei Überproduktion oder mangelnde Lieferfähigkeit bei Unterproduktion. Dies wird durch das bedarfssynchrone Pull-System vermieden: Es wird nur genau die Menge der Variante produziert, die der Kunde bestellt und bezahlt.[194]

---

[188]Vgl. Liker (2004), S. 119.

[189]Der Begriff „Exot" bezeichnet umgangssprachlich eine Produktvariante, die kundenseitig nur sporadisch nachgefragt wird. „Renner" zeichnen sich im Gegensatz dazu durch eine regelmäßige Nachfrage hoher Stückzahlen aus.

[190]Vgl. Womack/Jones/Roos (2007), S. 295 f.; ebenso Liker (2004), S. 114 u. 117.

[191]Vgl. Womack/Jones (2013), S. 300.

[192]Vgl. Feldmann (2014), S. 42.

[193]Vgl. Ohno (2013), S. 63 ff.

[194]Vgl. Womack/Jones (2013), S. 35 ff., 85; Takeda (2012).

Streben nach Perfektion durch Standardisierung

Durch die gegenseitige Beeinflussung und Verstärkung der vorgenannten Lean-Prinzipien ergibt sich die Möglichkeit, weitere Schwachstellen im Prozess zu identifizieren, sodass weitere Quellen der Verschwendung sichtbar werden. So besteht die fortwährende Möglichkeit einer weiteren Spezifikation des Wertes für den Kunden sowie der Erhöhung des Durchdringungsgrads der anderen Lean-Prinzipien.[195] Direkte, auf einmal stattfindende betriebliche Veränderungen (jap. Kaikaku) hin zu einem Fluss- und Pull-System können in kurzer Zeit zu einer Reduktion von Durchlaufzeiten und Lagerbeständen von bis zu 90 % führen. Durch kontinuierliche Verbesserungen (jap. Kaizen: Ersatz des Guten durch das Bessere) auf Basis des PDCA-Zyklus[196] sind in den folgenden Jahren weitere Bestands-, Durchlaufzeit- und Fehlerreduktionen um bis zu 50 % möglich.[197] Es sei darauf hingewiesen, dass die in der Literatur zitierten Erfolge in Abhängigkeit der betrachteten Branche, der Produkte und vorheriger Optimierungsmaßnahmen stark variieren können.

Stabile Prozessergebnisse im Hinblick auf Durchlaufzeit und Qualität erfordern stabile, wiederholbare Prozesse.[198] Zuverlässige und wiederholbare Prozesse wiederum sind das Fundament für kontinuierlichen Fluss und das Pull-Prinzip. Um zuverlässige und wiederholbare Prozesse nachhaltig zu realisieren, sind detaillierte und verständliche Standards in der Abfolge der Produktionsprozesse erforderlich.[199] Diese Standard-Arbeitsprozesse (detaillierte Beschreibungen einer Aufgabenverrichtung) dienen als Plattform, anhand derer Verbesserungspotenziale identifiziert werden können. In der Folge können neue, verbesserte Standards eingeführt werden. Ohne das Definieren von Standards ist eine nachhaltige Optimierung nicht möglich, da ansonsten Aktivitäten unterschiedlich ausgeführt würden und somit eine Reproduktion der gewünschten Arbeitsergebnisse im Hinblick auf Zeit, Kosten und Qualität zufällig wäre.[200] Somit sind Standards die Voraussetzung für einen kontinuierlichen Verbesserungsprozess (KVP).

---

[195]Vgl. Womack/Jones (2013), S. 36.

[196]Das Akronym PDCA steht für Plan, Do, Check, Act und beschreibt einen infiniten Prozess der kontinuierlichen Verbesserung mit den Schritten Planen, Ausführen, Überprüfen und verbessern. Der PDCA-Zyklus, auch als Deming-Wheel bekannt, ist eine Methodik des Qualitätsmanagement. Vgl. Liker (2004), S. 246 f.

[197]Vgl, Womack/Jones (2013), S. 37 f.

[198]Vgl. Liker/Meier (2009), S. 37.

[199]Vgl. Ohno (2013), S. 55 ff.; Womack/Jones (2013), S. 77, 135 ff., 290.

[200]Vgl. Liker (2004), S. 142 f.; Gorecki/Pautsch (2014), S. 70.

Visuelle Kontrolle

Visuelle Kontrollen bzw. visuelles Management (Management by Sight) soll in schlanken Produktionssystemen Transparenz schaffen, um Verschwendung zu identifizieren, Abweichungen von Standards, Defekte sowie andere Probleme schnell und einfach zu erfassen.[201] Der tatsächliche Arbeitsfortschritt im Vergleich zum Plan ist mittels Methoden der visuellen Kontrolle transparent. Zudem werden Suchzeiten wie z. B. für Dokumente oder Werkzeuge vermieden. Die Arten visueller Kontrollmethoden sind vielfältig und beinhalten jede Art der Informationsübertragung wie z. B. Kennzeichnungen, Aushänge, elektronische Anzeigen oder optische Signale.[202]

Ermöglichen von Stopps

Um Probleme schnell lösen zu können, muss die Möglichkeit gegeben sein, die Fertigung bei auftretenden Abweichungen ohne Verzögerungen anzuhalten (jap. Jidoka, vgl. Abschn. 3.3.1). Ein Produkt ist exakt in der Qualität zu fertigen, die der Kunde wünscht. So wird verhindert, dass (Qualitäts-)Probleme verdeckt bleiben, fortlaufend auftauchen und im Wertstrom an flussabwärts liegende Fertigungsstufen weitergereicht werden.[203]

Einsatz stabiler, flexibler und zuverlässiger Technologie

Das TPS folgt dem Grundsatz, dass der Einsatz einer neuen Technologie erst in Erwägung gezogen werden sollte, wenn die Verbesserungsmöglichkeiten der im Einsatz befindlichen Technologie ausgeschöpft sind.[204] Dabei muss die neue Technologie die Lean-Prinzipien unterstützen. Bei der Technologiebewertung ist das Risiko sich ändernder Marktanforderungen, z. B. im Hinblick auf Durchlaufzeit, Qualität oder Kosten zu berücksichtigen.[205] Bevor die Entscheidung über den Einsatz eines neuen Fertigungsverfahrens wie des 3D-Drucks in einem schlanken Produktionssystem getroffen wird, sind im Rahmen von Tests bzw. Pilot-Implementierungen die Einflüsse auf bestehende Prozesse zu evaluieren.[206]

Abb. 3.6 zeigt das sukzessive Vorgehen zur Analyse und Bewertung einer neuen Technologie. Zunächst ist zu untersuchen, ob die neue Technologie den

---

[201]Vgl. Ohno (2013), S. 55 f.; Takeda (2012), S. 17, 123.

[202]Vgl. Liker (2004), S. 149 ff.

[203]Vgl. ebenda, S. 38, 128 f.

[204]Vgl. Erlach (2013), S. 128 f.; Liker (2004), S. 160.

[205]Vgl. Liker (2004), S. 163.

[206]Toyota Way Principle 8: „Use only reliable, thoroughly tested technology that serves your people and processes." Liker (2004), S. 166.

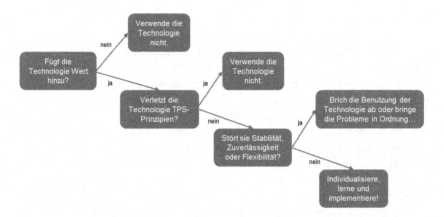

Abb. 3.6 Entscheidungsweg zum Einsatz einer neuen Technologie gem. TPS. (Eigene Darstellung in Anlehnung an Feldmann (2014), S. 48; ebenso Liker (2004), S. 159 f.)

Wert steigert. Ist dies der Fall, so ist zu prüfen, ob die neue Technologie im Einklang mit den o. g. Lean-Prinzipien steht. Insbesondere sind die Kriterien Stabilität, Zuverlässigkeit und Flexibilität zu evaluieren.[207] Die Stabilität beschreibt die exakte Reproduzierbarkeit der Werkstücke, z. B. im Hinblick auf die Maßhaltigkeit der Dimensionen. Flexibilität bedeutet, dass eine Technologie vielfältig einsetzbar ist, z. B. indem sie unterschiedliche Materialien verarbeiten bzw. Bauteile für verschiedene Produkte bzw. Produktvarianten herstellen kann. Die Variantenflexibilität eines Produktionsprozesses lässt sich mittels des EPEI-Werts messen.[208] Dieser berechnet den Zeitraum, der benötigt wird, um die Rüstfolge über alle Varianten einmal komplett zu durchlaufen. Die Zuverlässigkeit bezeichnet das störungsfreie Funktionieren einer Maschine, um die Verfügbarkeit der Produktionskapazität zu maximieren.[209] Die technische Verfügbarkeit lässt sich

---

[207]Vgl. Liker (2004), S. 160.

[208]EPEI steht für „Every Part Every Intervall". Im Ist-Zustand ergibt sich der EPEI-Wert aus der Summe der Bearbeitungszeit für alle Produktvarianten in den jeweils vorgegebenen Losgrößen zuzüglich der notwendigen Rüstzeiten sowie geplanter und ungeplanter Stillstände. Vgl. Erlach (2010), S. 72 ff.

[209]Vgl. Erlach (2010), S. 70 f. bzw. 74 ff.

durch die Gesamtanlageeffektivität (Overall Equipment Efficiency, OEE)[210] messen. Als Maß für eine verringerte Wertstromleistung aufgrund von Qualitätsmängeln können die Kennzahlen der Gutausbeute (engl. First Pass Yield, FPY) und
der Nacharbeitsquote dienen. Wird eines der o. g. Kriterien nicht erfüllt, so ist eine Implementierung abzulehnen bzw. der Einsatz der Technologie so lange aufzuschieben, bis die Kriterien
erfüllt sind. Sind die Kriterien erfolgreich validiert, dann ist die Technologie so
einzusetzen, dass sie zum einen den kontinuierlichen Fluss im Produktionsprozess fördert. Zum anderen sollte sie die Mitarbeiter dabei unterstützen, gemäß
den Lean-Prinzipien zu arbeiten. Letzteres erfordert einen hohen Grad an Visualisierung und intuitiver Bedienung. Dabei sollte die Technologie der Wertschöpfung vor Ort in der Fertigung dienen und keine nicht-wertschöpfenden
Aktivitäten wie z. B. Dateneingabe durch administrative Mitarbeiter erfordern.

Zusammenfassend ist festzuhalten, dass die Entscheidung über die Implementierung einer neuen Technologie bzw. eines neuen Fertigungsverfahrens mit
Risiko einher geht und entsprechend eine detaillierten Analyse und Bewertung
erfordert. Zu einem allgemeinen Vorgehensmodell zur Risikominimierung bei der
Investition in 3D-Druck vgl. Feldmann/Pumpe (2016).

Im Folgenden sind die Prinzipien der Lean Production durch Methoden im
Sinne von Werkzeugen zur Implementierung zu konkretisieren.

3.3.3 Methoden

Eine Methode ist ein planmäßiges, systematisches Verfahren zum Erreichen
eines Ziels bzw. praktischer Ergebnisse. Im diesem Fall ist das Ziel die Umsetzung der konzeptionellen Prinzipien der Lean Production im realen Wertstrom.
Die Lean-Methoden konkretisieren dabei die Lean-Prinzipien als planmäßige,
begründete Vorgehensweise zum Erreichen der Ziele der Produktion. Sie stellen
eine Systematik von Werkzeugen zur Implementierung des schlanken Denkens
dar. Insofern dienen die Methoden der Lean Production der Umsetzung der in
Abschn. 3.3.2 dargestellten Lean-Prinzipien und stehen zu ihnen in einer Mittel-
Zweck-Beziehung.

---

[210]Die Gesamtanlageneffektivität (engl. Overall Equipment Effectiveness, OEE) bezeichnet
eine Kennzahl zur Produktivitätsmessung, die aus den Faktoren Verfügbarkeit (Ziel: keine
ungeplanten Stillstände), Leistung (Ziel: Ausbringung der geplanten Stückzahl) und Qualität (Ziel: Kein Ausschuss bzw. Nachbearbeitung von Teilen) gebildet wird.

Tab. 3.7 Überblick über
die Lean-Methoden

Nr.	Prinzip
1	Schnelles Rüsten mittels SMED
2	Pull mittels Kanban
3	Jidoka mittels Andon
4	Beladen und Transport mittels Chaku-Chaku
5	Problemanalyse mittels 5W-Methode
6	Fehlervermeidung mittels Poka Yoke

Im Folgenden sind sechs ausgewählte Methoden der Lean Production vorzu-stellen, um in Kapitel Fünf die Wirkung des Einsatzes von 3D-Druck im Hinblick auf Effektivität und Effizienz dieser Methoden zu bewerten. Dabei handelt sich um 1) Schnelles Rüsten mittels SMED, 2) Pull mittels Kanban, 3) Jidoka mittels Andon, 4) Beladen und Transport mittels Chaku-Chaku, 5) Problemanalyse mit-tels 5W-Methode und 6) Fehlervermeidung mittels Poka Yoke (vgl. Tab. 3.7). Die Auswahl der Methoden erfolgte anhand des Kriteriums der Häufigkeit der Nen-nung in der Literatur.

Schnelles Rüsten mittels SMED
Für eine flexible, geglättete Produktion muss die Anzahl an Umrüstungen erhöht und die Rüstzeit minimiert werden. Die Rüstzeit ist die Zeit, die zwischen der Produktion des letzten Gutteils von Los A und der Produktion des ersten Gutteils von Los B liegt.[211] Während der Umrüstung werden an einer Maschine Werk-zeuge, Aufsätze, Vorspannvorrichtungen oder Materialien getauscht. In dieser Zeit kann die Maschine nicht für die Produktion von Gütern genutzt werden.[212]

Der Begriff Single Minute Exchange of Dies (SMED, Schnellrüsten)[213] beschreibt die von Shingo entwickelte Methode, um Rüstzeiten von Maschinen im einstelligen Minutenbereich zu realisieren.[214] Dabei handelt es sich um Maßnah-men, welche die Verfügbarkeit der Maschine (gemessen als Gesamtanlageneffek-tivität bzw. OEE; vgl. Abschn. 3.3.2) mittels Minimierung der Rüstzeiten erhöhen.

---

[211]Vgl. Takeda (2012), S. 67.

[212]Vgl. Erlach (2013), S. 50.

[213]Deutsch etwa Umrüsten bzw. Werkzeugwechsel im einstelligen Minutenbereich.

[214]Vgl. Shingo (1993). Für einen Kurzüberblick vgl. z. B. Gorecki/Pautsch (2014), S. 179 f.; Zollondz (2013), S. 178 ff.

Im ersten Schritt wird die Rüstzeit in interne (Rüsten bei stehender Maschine) und externe Rüstzeit (Rüsten bei laufender Maschine) dekomponiert. Im zweiten Schritt werden interne Rüstaktivitäten in externe Rüstaktivitäten umgewandelt, um die rüstbedingte Stillstandszeit der Maschine zu reduzieren. Über technische und organisatorische Maßnahmen ist die Rüstzeit in iterativen Schritten weiter zu verkürzen, um schließlich ein Umrüsten in Taktzeit zu erreichen.[215] Beispielsweise können die Werkstückträger so umgestaltet werden, dass sie universell für alle Produktvarianten genutzt werden können und somit der Wechsel der Werkstückträger entfällt.[216] Schnellspannvorrichtungen oder die standardisierte Bereitstellung von Werkzeugen auf Rüstwagen sind weitere Beispiele.

Die Verkürzung der Rüstzeiten durch SMED ermöglicht die effiziente Produktion kleinerer Losgrößen bei gleichzeitig höherer Kapazitätsauslastung der Maschine und einer Reduktion des Lagerbestands.[217] Kürzere Rüstzeiten ermöglichen das Glätten des Produktionsvolumens (Nivellierung), unterstützen ein effizientes Pull-System mittels Kanbans und begünstigen das Erzeugen eines Flusses. Ein Umrüsten in Taktzeit ist Voraussetzung für die Implementierung eines one-piece-flows als Ideal der Fließfertigung (vgl. Abschn. 3.3.2). Darüber hinaus steigt die Flexibilität bzw. Reaktionszeit des Unternehmens auf Nachfrageänderungen.[218]

Pull mittels Kanban

Kanban wird eingesetzt, um Überschussproduktion zu verhindern und das Pull-Prinzip zu realisieren.[219] Die Umsetzung des Pull-Prinzips unterstützt zudem die Realisierung eines Flusses, trägt zur Vermeidung von Verschwendung bei und ermöglicht visuelle Kontrollen. Kanban sind Karten bzw. Blätter, auf denen Informationen zu der benötigten Anzahl oder Menge an Materialien oder Halbfertigfabrikaten stehen, die an einer bestimmten Produktionsstelle benötigt werden. Es wird erst zu dem Zeitpunkt neues Material an der Station zur Verfügung gestellt bzw. an einer Station weiterproduziert, wenn die benötigte Menge des Kanbans erschöpft ist und neuer Bedarf da ist. Mittels Kanban wird rückwärts bzw. flussaufwärts im Produktionsprozess der vorherigen Fertigungsstufe signalisiert, dass

---

[215]Vgl. Gorecki/Pautsch (2014), S. 181 f.

[216]Vgl. ebenda, S. 182.

[217]Vgl. Kamiske (2013), S. 182.

[218]Vgl. Gorecki/Pautsch (2014), S. 179–183.

[219]Vgl. Womack/Jones/Roos (2007), S. 294.

eine bestimmte Anzahl an Teilen für die nächste Station zu fertigen ist. So wird im Rahmen eines selbststeuernden Regelkreises zwischen zwei Bearbeitungsstationen ausschließlich die Menge gefertigt, die flussabwärts tatsächlich benötigt wird.[220] Durch die Kanban-Karte wird u. a. verdeutlicht, wo Verschwendung entstanden ist.[221]

Jidoka mittels Andon

Bei der methodischen Umsetzung des Prinzips der autonomen Automation bzw. der „Automation mit menschlichen Zügen" (jap. Jidoka) ist eine automatisch arbeitende Maschine mit einem System ausgestattet, welches auftretende Fehler während des Produktionsprozesses erkennt. Die Maschine stoppt selbstständig und übermittelt dem verantwortlichen Mitarbeiter ein Signal über die anomale Situation, sodass dieser die Situation untersuchen und die Unregelmäßigkeit beheben kann.[222] Die unmittelbare Fehlerkontrolle verhindert, dass eine größere Menge fehlerhafter Produkte produziert wird und Fehler an nachfolgende Bearbeitungsstationen weitergereicht werden.

Jidoka ist eine Methode für die Umsetzung des Null-Fehler-Prinzips.[223] In einem schlanken Produktionssystem existieren im Idealfall keine Pufferbestände zwischen den Bearbeitungsstationen, sodass keine Fehler an nachfolgende Produktionsstufen abgegeben und keine Fehler von vorgelagerten Produktionsstufen angenommen werden dürfen. Insofern stellt hohe Qualität eine Voraussetzung für das reibungslose Funktionieren eines nachfragesynchronen „Just-in-time"-Systems dar. Ein Mitarbeiter kann durch die autonome Automation mehrere Maschinen gleichzeitig bedienen, da der Überwachungsaufwand und der ggf. manuelle Stopp bei der Erkennung eines Problems reduziert werden.[224]

Der Begriff **Andon** (jap. für Papierlaterne) beschreibt die **Visualisierung** von Jidoka. Optisch-akustische Signalsysteme wie z. B. ein Ampelsystem zeigen Probleme bzw. Fehler bei der Fertigung auf einer Maschine sowie Maschinenstopps an.[225] Dadurch sieht der Mitarbeiter, wo das Problem auftritt und kann schnell durch einen Stopp der Fertigung (z. B. durch Ziehen einer sog. Andon-Leine)

---

[220]Vgl. Gorecki/Pautsch (2014), S. 280 f.; ebenso Womack/Jones/Roos (2007), S. 294.

[221]Vgl. Ohno (2013), S. 65.

[222]VGl. Ohno (2013), S. 163 f. Das Prinzip geht auf einen von Toyoda entwickelten Webstuhl zurück, der im Falle eines Fadenrisses selbständig stoppte.

[223]Vgl. Gorecki/Pautsch (2014), S. 138 ff.

[224]Vgl. Ohno (2013), S. 40.

[225]Vgl. Ohno (2013), S. 161.

eingreifen, um die Unregelmäßigkeit zu beseitigen (sofern die Maschine nicht selbstständig stoppt).[226] Andon unterstützt die Lean-Prinzipien der Wertschöpfung, Vermeidung von Verschwendung sowie das Ermöglichen von Stopps im Falle von Problemen.

Beladung und Transport mittels Chaku-Chaku
Bei der Organisation der Fertigung in Form einer Chaku-Chaku-Zelle ist die Produktionslinie nicht vollautomatisiert, sondern lediglich einzelne Stationen und deren Bearbeitungsschritte.[227] Beladen und Weitertransport zur nachfolgenden Bearbeitungsstation erfolgen manuell. Dabei werden Transportstrecken zwischen den Maschinen auf ein Minimum verkürzt, vielfach in U-förmigen Layouts. Damit wird erreicht, dass ein Mitarbeiter jede Station beladen und bedienen kann.

Vorteile von Chaku-Chaku sind der gesteigerte Automatisierungsgrad, Kostensenkungen für Personal und Investitionen in Maschinen und Anlagen. Es unterstützt die Lean-Prinzipien der Vermeidung von Verschwendung, visuelle Kontrolle sowie den Einsatz stabiler, flexibler und zuverlässiger Technologie.

Problemanalyse mittels 5W-Methode
Tritt ein Fehler oder Problem auf, kann durch die 5W-Methode (engl. 5 Why) die eigentliche **Grundursache eines Problems** identifiziert werden. So wird fünfmal „Warum" gefragt, um den wirklich ursächlichen Auslöser bzw. die „Wurzel" des Problems beheben zu können, statt ggf. nur offensichtliche Symptome zu behandeln. Ohne das Beheben der Grundursache ist eine nachhaltige Problemlösung nicht möglich und das Problem wird mit hoher Wahrscheinlichkeit wieder auftreten.[228] Die 5W-Methode unterstützt die Prinzipien der Vermeidung von Verschwendung, Streben nach Perfektion sowie den Einsatz einer stabilen, flexiblen und zuverlässigen Technologie.

Fehlervermeidung mittels Poka Yoke
Unter Poka Yoke wird die **Vermeidung** von durch Menschen verursachten **Fehlern** durch die „Narrensicherheit" technischer Systeme verstanden.[229] Dabei sind Maschinen, Werkzeuge und Prozesse so zu gestalten, dass Fehler präventiv

---

[226]Vgl. Gorecki/Pautsch (2014), S. 140 f.; Erlach (2013), S. 129 f.

[227]Vgl. Gorecki/Pautsch (2014), S. 167 ff.

[228]Vgl. Gorecki/Pautsch (2014), S. 100 ff.; Ohno (2013), S. 51 f.; Womack/Jones/Roos (2007), S. 79; Zollondz (2013), S. 146 f., 272.

[229]Vgl. Kamiske (2013), S. 183.

ausgeschlossen bzw. Fehlerpotenziale stark reduziert werden.[230] Ist die Ursache eines Problems z. B. durch die Anwendung der 5W-Methode gefunden, so wird durch Poka Yoke-Maßnahmen das Ziel verfolgt, die identifizierte Fehlerursache nachhaltig zu beseitigen und damit die Produktqualität zu steigern. Zum Beispiel kann bei einem Bauteil zwischen runden und eckigen Löchern differenziert werden, um eine korrekte Montage mit anderen Bauteilen über ein Schlüssel-Schloss-Prinzip durch die Geometrie der Schnittstellen zu erzwingen. Durch die präventive Fehlervermeidung wird Verschwendung in Form von Nachbearbeitungsaufwand bzw. der Verschrottung unbrauchbarer Produkte und nicht wertschöpfender Qualitätskontrolle eliminiert.[231]

3.3.4 Weitere Anwendungsbereiche

Lean findet nicht ausschließlich im produzierenden Gewerbe Anwendung. Die Prinzipien und Methoden sind nahezu in jeder Branche, unabhängig von der Technologie, Serien- oder Betriebsgröße, anwendbar.[232] In der Verwaltung bzw. im indirekten Bereich findet der Begriff Lean Administration Anwendung.[233] Auch im Dienstleistungsbereich werden Potenziale des Lean Thinking erkannt und Ansätze in der Literatur entsprechend erörtert, z. B. im Hotelgewerbe oder Krankenhäusern.[234] Angesichts der geradezu inflationären Wortneuschöpfungen wie Lean Logistics, Lean Development, Lean Construction, Lean Healthcare etc. ist darauf hinzuweisen, dass es sich dabei „nur" um funktions- oder branchenspezifische Anwendungsfälle der o. g. Lean-Prinzipien handelt. Neuere Forschung fokussiert nicht nur den Wertstrom eines einzelnen Unternehmens, sondern bezieht die unternehmensübergreifende Wertschöpfungskette (Supply Chain) mit externen Kunden und Lieferanten ein.[235]

---

[230]Vgl. Ohno (2013), S. 40.

[231]Vgl. Gorecki/Pautsch (2014), S. 200 ff.

[232]Weiß/Strubl/Goschy (2015), S. 47.

[233]Vgl. Weiß/Strubl/Goschy (2015), S. 47 f.; Jasti/Kodali (2014), S. 1098; Tautrim (2014).

[234]Vgl. Kraft (2016); Scholz (2016); Vlachos/Bogdanovic (2013).

[235]Vgl. Bortolotti et al. (2016), S. 182.

3.3.5 Zusammenfassung

Lean Production fokussiert bei der Gestaltung der Produktion den Kundennutzen und die Vermeidung von Verschwendung. Dabei sind die Kundenbedarfe bei reduziertem Ressourceneinsatz zu befriedigen. Folgende Prinzipien sind vor dem Hintergrund des Lean Thinking bei der Gestaltung eines schlanken Produktionssystems zu beachten: Steigerung des Kundennutzens bzw. des Werts für den Kunden, Definition des Wertstroms zur Visualisierung bzw. Identifikation von Verschwendung, Eliminierung bzw. Reduktion der Verschwendung, Ermöglichen eines kontinuierlichen Flusses, Nivellierung bzw. Glättung des Produktionsvolumens, Steuerung mittels Pull-System, Streben nach Perfektion durch Standardisierung, visuelle Kontrolle, Ermöglichen von Stopps sowie Einsatz stabiler, flexibler und zuverlässiger Technologie. Das Produktionssystem ist kontinuierlich zu verbessern.

Als ausgewählte Methoden zur konkreten Umsetzung der Prinzipien wurden die folgenden Werkzeuge erläutert: Schnelles Rüsten mittels SMED, Pull mittels Kanban, Jidoka mittels Andon, Beladen und Transport mittels Chaku-Chaku, Problemanalyse mittels 5W-Methode und Fehlervermeidung mittels Poka Yoke.

Im folgenden Kapitel Vier wird anhand der Prinzipien der Lean Production (vgl. Abschn. 3.3.2) untersucht, inwieweit die Merkmale des 3D-Drucks mit diesen Grundgedanken des Lean Thinking vereinbar sind.

Literatur

Baumers, M., et al. (2016). The cost of additive manufacturing: Machine productivity, economies of scale and technology-push. *Technological Forecasting and Social Change, 102*, 193–201.

Baumgärtner, G. (2006). *Reifegradorientierte Gestaltung von Produktionssystemen – theoretische und empirische Analyse eines Gestaltungsmodells*. München: TCW Transfer-Centrum Wissenschaft und Praxis.

Berger, U., Hartmann, A., & Schmid, D. (2013). *Additive Fertigungsverfahren – Rapid Prototyping, Rapid Tooling, Rapid Manufacturing*. Haan-Gruiten: Europa-Lehrmittel.

Berman, B. (2012). 3-D printing: The new industrial revolution. *Business Horizons, 55*, 155–162.

Bogue, R., & Bogue, R. (2013). 3D printing: The dawn of a new era in manufacturing? *Assembly Automation, 33*(4), 307–311.

Bortolotti, T., Romano, P., Martinez-Jurad, P. J., & Moyano-Fuentes, J. (2016). Towards a theory for lean implementatin in supply networks. *Internatinal Journal of Production Economics, 175*(Mai), 182–196.

Bose-Munde, A. (2014). Additive Manufacturing setzt sich durch im Maschinenbau. *MaschinenMarkt,30*(31), 22–25.

Brunner, F. J. (2008). *Japanische Erfolgskonzepte: KAIZEN, KVP, Lean Production Management, Total Productive Maintenance Shopfloor Management, Toyota Production System*. München: Hanser.

Burns, M. (1993). *Automated fabrication – Improving productivity in manufacturing*. Englewood Cliffs: PTR Prenrice Hall.

Campell, I., Bourell, D., & Gibson, I. (2012). Additive manufacturing: Rapid prototyping comes of age. *Rapid Prototyping Journal, 18*(4), 255–258.

Chua, C. F., & Leong, K. F. (2015). *3D printing and additive manufacturing: Principles and applications* (4. Aufl.). Singapore: World Scientific.

D'Aveni, R. (2015). The 3-D printing revolution. *Harvard Business Review, 93*(5), 40–48.

Davis, S. (1987). *Future perfect*. New York: Addison-Wesley.

Deuse, J., Stausberg, J. R., & Wischniewski, S. (2007). Leitsätze zur Gestaltung einer verschwendungsarmen Produktion. Adaption von ganzheitlichen Produktionssystemen für den Mittelstand. *Zeitschrift für wirtscahftchen Fabrikbetrieb, 102*(5), 291–294.

DIN 8580. (2003). *Ferigungsverfahren. Begriffe, Einteilung, DEUTSCHE NORM September 2003*. DIN Deutsches Institut für Normung e. V., Berlin (Ref. Nr. DIN 8580:2003-09. Berlin 2003).

Dombrowski, U., Hennersdorf, S., & Schmidt, S. (2006). Grundlagen Ganzheitlicher Produktionssysteme – Aus der Herkunft für die Zukunft lernen. *Zeitschrift für wirtschaftlichen Fabrikbetrieb, 101*(4), 172–177.

Dombrowski, U., Palluck, M., & Schmidt, S. (2006). *Ganzheitliche Produktionssysteme im Fokus der Fabrikplanung – Aktueller Stand, Handlungsbedarf, Vision*. Vortrag 6. Deutsche Fachkonferenz Fabrikplanung. Ludwigsburg 2005.

Dombrowski, U., Schulze, S., & Otano, I. (2009). Instandhaltungsmanagement als Gestaltungsfeld Ganzheitlicher Produktionssysteme. In J. Reichel, J. Mandelartz, & G. Müller (Hrsg.), *Betriebliche Instandhaltung*. Berlin: Springer.

Echterhoff, N., Kokoschka, M., Wall, M., & Gausemeier, J. (2012). *Thinking ahead the future of additive manufacturing – Analysis of promising industries*. DMRC study. Paderborn.

Erlach, K. (2010). *Wertstromdesign: Der Weg zur schlanken Fabrik* (2. erw Aufl.). Wiesbaden: Springer.

Erlach, K. (2013). *Value stream design*. Berlin: Springer.

Evans, R., & Danks, A. (1998). Strategic supply chain management – Creating shareholder value by aligning supply chain strategy with business strategy. In J. Gattorna (Hrsg.), *Strategic supply chain alignment – Best practice in supply chain management* (S. 18–38). Hampshire: Routledge.

Fastermann, P. (2016). *3D-Drucken: Wie die generative Fertigungstechnik funktioniert* (2. Aufl.). Wiesbaden: Springer.

Feldmann, C. (2014). *Lean Management, Vorlesungsskript im Master-Studiengang Logistik der FH Münster*. Unveröffentlicht, Münster 2014.

Feldmann, C. (15. Dezember 2015). 3D-Druck: Wo bleibt die Revolution? *Frankfurter Allgemeine Zeitung* (Verlagsspezial IT Trends, 2015), V2.

Feldmann C., & Pumpe A. (2016a). *A holistic decision framework for 3D printing investments in global supply chains*. In Proceedings, World Conference on Transport Research (WCTR). Shanghai.

Feldmann, C., & Pumpe, A. (2016b). *3D-Druck: Verfahrensauswahl und Wirtschaftlichkeit additiver Fertigung – Entscheidungsunterstützung für Unternehmen.* Wiesbaden: Springer Gabler.

Gao, W., et al. (2015). The status, challenges, and future of additive manufacturing in engineering. *Computer-Aided Design, 69,* 65–89.

Gebhardt, A. (2016). *Additive Fertigungsverfahren: Additive Manufacturing und 3D-Drucken für Prototyping – Tooling – Produktion* (5. neu bearb. u. erw Aufl.). München: Hanser.

Gembarski, P. C. (2016). Das Potential der Produktindividualisierung. In R. Lachmayer, R. B. Lippert, & T. Fahlbusch (Hrsg.), *3D-Druck beleuchtet Additive: Manufacturing auf dem Weg in die Anwendung* (S. 71–85). Wiesbaden: Springer Vieweg.

Gibson, I., Rosen, D., & Stucker, B. (2015). *Additive manufacturing technologies: 3D printing, rapid prototyping, and direct digital manufacturing* (2. Aufl.). New York: Springer.

Gorecki, P., & Pautsch, P. (2014). *Praxisbuch Lean Management: Der Weg zur operativen Excellence* (2. Aufl.). München: Hanser.

Hagl, R. (2015). *Das 3D-Druck-Kompendium: Leitfaden für Unternehmer, Berater und Innovationstreiber.* Wiesbaden: Springer Gabler.

Hammond, T. (2014). *Research: 60 percent of enterprises are using or evaluating 3D printing.*

Handelsblatt. (2016). 3D-Drucker sollen Zulieferer ersetzen – Airbus stellt Produktion um. http://www.handelsblatt.com/unternehmen/industrie/airbus-stellt-produktion-um-3d-drucker-sollen-zulieferer-ersetzen/12853248.html. Zugegriffen: 16. Dez. 2016.

Hopkinson, N., Hague, R. J. M., & Dickens, P. M. (2005). *Rapid manufacturing.* Chichester: Wiley.

ISO/ASTM 52900. (2015). *Additive manufacturing – General principles – Terminology.* http://iso.org/iso/catalogue_detail.htm?csnumber=69669. Zugegriffen: 13. Dez. 2016.

Jasti, N. V. K., & Kodali, R. (2014). A literature review of empirical research methodology in lean manufacturing. *International Journal of Operations & Production Management, 34*(8), 1080–1122.

Jödicke, J. (2013). *Ganzheitliche Produktionssystem in mittelständischen Unternehmen. Eine empirische Untersuchung in Nordhein-Westfalen.* Dissertation Ruhr-Universität Bochum. Hamburg.

Kamiske, G. F. (Hrsg.). (2013). *Handbuch QM-Methoden: Die richtige Methode auswählen und erfolgreich umsetzen* (2. aktualis. u. erw Aufl.). München: Hanser.

Kochan, D., & Chua, C. K. (1995). State-of-the-art and future trends in advanced rapid prototyping and manufacturing. *International Journal of Information Technology, 1*(2), 173–184.

Krafcik, J. F. (1988). Triumph of the lean production system. *Sloan Management Review, 30*(1), 41–52.

Kraft, T. (2016). *Lean Management im Krankenhaus.* Wiesbaden: Springer Gabler.

Kumar, V., et al. (1998). *Representation and Processing of Heterogeneous Objects for Solid Freeform Fabrication.* IFIP WG5.2 Geometric Modelling Workshop (S. 1–21). 7.–12. Dezember.

Kurfess, T., & Cass, W. J. (2014). Rethinking additive manufacturing and intellectual property protection. *Research Technology Management, 57*(5), 35–42.

Lachmayer, R., Lippert, R. B., & Fahlbusch, T. (2016). *3D-Druck beleuchtet: Additive Manufacturing auf dem Weg in die Anwendung.* Wiesbaden: Springer Vieweg.

Lean Enterprise Institute. (2016). *What is Lean?* http://www.lean.org/WhatsLean. Zugegriffen: 14. Juli 2016.

Leupold, A., & Glossner, S. (2016). *3D-Druck, Additive Fertigung und Rapid Manufacturing – Rechtlicher Rahmen und unternehmerische Herausforderungen.* München: Vahlen.

Liker, J. K. (2004). *The Toyota Way: 14 management principles from the World's greatest manufacturer.* New York: Tata McGraw-Hill.

Liker, J. K. (2005). *The Toyota way – Fieldbook – A practical guide for implementing Toyota's 4P.* New York: Tata McGraw-Hill.

Liker, J. K., & Meier, D. P. (2009). *Der Toyota-Weg – Praxisbuch* (3. Aufl.). München: Finanzbuch Verlag.

Lindemann, C., Jahnke, U., Moi, M., & Koch, R. (2012). *Analyzing product lifecycle costs for a better understanding of cost drivers in additive manufacturing.* 23th Annual International Solid Freeform Fabrication Symposium – An Additive Manufacturing Conference.

Naitove, M. H. (2014). How currier puts the "custom" in custom blow molding. *Plastics Technology, 2014*(11), 48–53.

Nitz, S. (2015). *3D-Druck: Der praktische Einstieg.* Bonn: Galileo Press.

Ohno, T. (2013). *Das Toyota-Produktionssystem: Das Standardwerk zur Lean Production* (3. erw Aufl.). Frankfurt a. M.: Campus.

Petrovic, V., Gonzalez, J. V. H., Ferrando, O. J., Gordillo, J. D., Puchades, J., & Grinan, L. P. (2011). Additive layered manufacturing: Sectors of industrial application shown through case studies. *International Journal of Production Research, 49*(4), 1061–1079.

Pfeiffer, W., & Weiß, E. (1992). *Lean-Management. Grundlagen der Führung und Organisation industrieller Unternehmen.* Berlin: Schmidt.

Pine, J., & Davis, S. (1993). *Mass customization: The new frontier in business competition.* Boston: Harvard Business School Press.

Reeves, P., Tuck, C., & Hague, R. (2011). Additive manufacturing for mass customization. *Mass Customization,* 275–289.

Rother, M., & Shook, J. (1999). *Learning to see: Value-stream mapping to create value and eliminate muda.* Cambridge: Lean Enterprise Institute.

Rother, M., & Shook, J. (2015). *Sehen lernen. Mit Wertstromdesign die Wertschöpfung erhöhen und Verschwendung beseitigen.* Version 1.4, Workbook des Lean Management Institutes. Mühlheim a. d. Ruhr.

Salonitis, K., & Al Zarban, S. (2015). Redesign optimization for manufacturing using additive layer techniques. *Procedia CIRP, 36,* 193–198.

Scholz, A. (2016). *Die Lean-Methode im Krankenhaus* (2. Aufl.). Wiesbaden: Gabler.

Schreier, J., & Patron, C. (2015). Industrie 4.0 kommt nicht mit einem grossen Ruck. *MaschinenMarkt, 34,* 32–35.

Shingo, S. (1993). *Das Erfolgsgeheimnis der Toyota-Produktion – Eine Studie über das Toyota-Produktionssystem – Genannt die „Schlanke Produktion"* (2. Aufl.). Landsberg/Lech: Verlag Moderne Industrie.

Slack, N., Johnston, R., & Brandon-Jones, A. (2011). *Essentials of operations management.* Harlow: Financial Times Prentice Hall.

Spath, D. (2003). Revolution durch Evolution. In D. Spath (Hrsg.), *Ganzheitlich poduzieren – Innovative Organisation und Führung* (S. 11–45). Stuttgart: LOGIS.

Springer, R. (2002). Einleitung. In Institut für angewandte Arbeitswissenschaft (Hrsg.), *Ganzheitliche Produktionssysteme – Gestaltungsprinzipien und deren Verknüpfung* (S. 14–17). Köln: Wirtschaftsverlag Bachem.

Srivatsan, T. S., & Sudarshan, T. S. (2015). *Additive manufacturing: Innovations, advances, and applications*. Boca Raton: CRS.

Takeda, H. (2012). *Das synchrone Produktionssystem* (7. Aufl.). München: Vahlen.

Tautrim, J. (2014). *Lean Administration : Taschenbuch/Beraterleitfaden: Wesen-tliche Konzepte und Werkzeuge für mehr Effizienz in der Verwaltung*. Berlin: epubli.

Thompson, M. K., & Foley, J. T. (2014). *Coupling and complexity in additive manufacturing processes*. In Proceedings of ICAD2014: The Eighth International Conference on Axiomatic Design (S. 177–182).

Uygun, Y. (2011). *GPS-Diagnose – Diagnose und Optimierung der Produktion auf Basis Ganzheitlicher Produktionssysteme, Dortmunder Initiative zur rechnerintegrierten Fertigung RIF e. V.*, Dortmund.

Vahs, D. (2015). *Organisation: Ein Lehr- und Managementbuch* (9. überarb. u. erw Aufl.). Stuttgart: Schäffer-Poeschel.

VDI 3405. (2013). *VDI 3405 Blatt 2: Additive Fertigungsverfahren – Strahlschmelzen metallischer Bauteile – Qualifizierung, Qualitätssicherung und Nachbearbeitung, VDI Gesellschaft Produktionstechnik (ADB)*. Düsseldorf.

Vlachos, I., & Bogdanovic, A. (2013). Lean thinking in the European hotel industry. *Tourism Management, 36*, 354–363.

Weiß, E., Strubl, C., & Goschy, W. (2015). *Lean Management – Grundlagen der Führung und Organisation lernender Unternehmen* (3. völlig neu bearb. u. erw Aufl.). Berlin: Schmidt.

Wohlers, T., & Caffrey, T. (2015). *Wohlers Report 2015: 3D printing and additive manufacturing state of the industry annual worldwide progress report*. Fort Collins.

Womack, J. P., & Jones, D. T. (2013). *Lean Thinking: Ballast abwerfen, Unternehmensgewinne steigern* (3. aktualis. u. erw Aufl.). Frankfurt a. M.: Campus.

Womack, J. P., Jones, D. T., & Roos, D. (2007). *The machine that changed the world: How lean production revolutionized the global car wars*. London: Simon & Schuster.

Zäh, M. F. (2006). *Wirtschaftliche Fertigung mit Rapid-Technologien*. München: Hanser.

Zajons, I., & Nowitzki, K. (2016). Sicherheitsaspekte – Ein Thema für die Aus- und Weiterbildung? In R. Lachmayer, R. B. Lippert, & T. Fahlbusch (Hrsg.), *3D-Druck beleuchtet: Additive Manufacturing auf dem Weg in die Anwendung* (S. 109–113). Wiesbaden: Springer Vieweg.

Zghair, Y. (2016). Rapid Repair hochwertiger Investitionsgüter. In R. Lachmayer, R. B. Lippert, & T. Fahlbusch (Hrsg.), *3D-Druck beleuchtet: Additive Manufacturing auf dem Weg in die Anwendung* (S. 57–69). Wiesbaden: Springer Vieweg.

Ziegenbein, R. (2014). Die Grundprinzipien der schlanken Fertigung. In R. Ziegenbein (Hrsg.), *Handbuch Lean-Konzepte für den Mittelstand* (S. 1–12). Münster: Fachhochschule Münster Universität.

Zollondz, H.-D. (2011). *Grundlagen Qualitätsmanagement: Einführung in Geschichte, Begriffe, Systeme und Konzepte* (3. Aufl.). München: Oldenbourg Wissenschaftsverlag.

Zollondz, H.-D. (2013). *Grundlagen Lean Management: Einführung in Geschichte, Begriffe, Modelle, Techniken sowie Implementierungs- und Gestaltungsansätze eines modernen Managementparadigmas*. München: Oldenbourg Wissenschaftsverlag.

Bewertung des 3D-Drucks im Hinblick auf Lean-Prinzipien

4

4.1 Herleitung der Kriterien

Im Folgenden ist zu prüfen, inwieweit der 3D-Druck die Prinzipien der Lean Production unterstützt bzw. inwieweit 3D-Druck als Element eines schlanken Produktionssystems einzusetzen ist. Dies erfolgt anhand eines Kriterienkatalogs, der aus den Lean-Prinzipien in Abschn. 3.3.2 abgeleitet wurde (vgl. Tab. 4.1). Dabei wird die Definition des Wertstroms nicht als separates Kriterium berücksichtigt, da diese unabhängig von der eingesetzten Technologie erfolgt und somit vor dem Hintergrund der o. g. generellen Fragestellung irrelevant ist. Anzumerken ist jedoch, dass die Art und Weise der Integration des 3D-Drucks in einen Wertstrom (z. B. an welcher Stelle mit welcher Ausbringungskapazität) den Grad der Effektivität und der Effizienz signifikant beeinflusst.

Als Beurteilungsgrundlage dienen die technologischen Merkmale des 3D-Drucks sowie die daraus resultierenden Vor- bzw. Nachteile im Hinblick auf die Lean-Prinzipien. Die Anwendbarkeit der Lean-Methoden (z. B. SMED) in einer Fertigung mittels 3D-Druck analysiert das fünfte Kapitel.

Bei der Bewertung wird insbesondere die Minimierung der Verschwendung fokussiert, da diese einen Kern der Lean Production darstellt.[1] Die Verletzung der anderen Prinzipien würde zu Verschwendung führen, sodass die Minimierung der Verschwendung als Universalprinzip aufzufassen ist. Eine Gewichtung der Kriterien erfolgt wegen des Ziels des Erlangens genereller Erkenntnisse nicht. Für

---

[1]Vgl. Erlach (2013), S. 97; Slack (2011), S. 252; Liker (2004), S. 27; Womack/Jones (2013), S. 23.

© Springer Fachmedien Wiesbaden GmbH 2017
C. Feldmann und A. Gorj, *3D-Druck und Lean Production,*
DOI 10.1007/978-3-658-18408-7_4

Tab. 4.1 Überblick über die Lean-Prinzipien

Nr.	Prinzip	Kapitel
1	Steigerung des Kundennutzens bzw. des Werts für den Kunden	4.2
–	(Definition des Wertstroms)	–
2	Minimierung der Verschwendung	4.3
3	Erzeugen eines kontinuierlichen Flusses	4.4
4	Nivellierung bzw. Streben nach Glättung des Produktionsvolumens	4.5
5	Steuerung mittels Pull-System	4.6
6	Streben nach Perfektion durch Standardisierung	4.7
7	Visuelle Kontrolle	4.8
8	Ermöglichen von Stopps	4.9
9	Einsatz stabiler, flexibler und zuverlässiger Technologie	4.10

den konkreten Anwendungsfall sind die Kriterien branchen-, unternehmens- und produktspezifisch zu priorisieren.

Die Bewertung erfolgt qualitativ aus der subjektiven Perspektive der Autoren. Die Wahl einer qualitativen Bewertung ist zum einen dem Grundlagencharakter der Untersuchung geschuldet. Zum anderen ist eine quantitativ und entscheidungstheoretisch fundierte Entscheidung bezüglich des Einsatzes von 3D-Druck nur vor dem Hintergrund branchen-, unternehmens- und wertstromspezifischer Parameter zu treffen. Das vorliegende Entscheidungsproblem ist jedoch ohne konkreten Anwendungsfall in der Unternehmenspraxis zielsetzungs-, bewertungs- und wirkungsdefekt.[2]

4.2   Steigerung des Kundennutzens bzw. des Werts für den Kunden

In einem schlanken Produktionssystem ist ausschließlich der Output zu erzeugen, den der Kunde verlangt bzw. der dem Kunden einen Nutzen stiftet. Für die Produktion von Teilen bzw. Endprodukten mittels nicht-additiver Fertigungsverfahren wird in der Design- bzw. Produktentwicklungsphase insbesondere auf die Restriktion der Produzierbarkeit auf bestehenden Maschinen und niedrige Herstellkosten geachtet.

---

[2]Vgl. Adam (1996), S. 13 ff.

Das Produkt soll nach Möglichkeit ohne Investition in neue Maschinen herzustellen und zwecks niedriger Lohnkosten einfach zu montieren sein.[3]

3D-Druck ermöglicht hohe **Freiheitsgrade beim Produktdesign**.[4] Da auch komplexe Strukturen ohne signifikante Erhöhung des Grenzaufwands bei Werkzeugen oder Formen zu fertigen sind[5], können Designer neue Geometrien ohne Rücksicht auf Restriktionen nicht-additiver Fertigungsverfahren realisieren.[6] Dadurch lassen sich **individuelle Kundenwünsche** bzgl. des Designs besser berücksichtigen, sodass der Kundennutzen bzw. der Wert des Produkts für den Kunden steigt. Ein Beispiel im Bereich des **Mass Customizing** ist die Medizintechnik mit Implantaten, die individuell für einen einzelnen Patienten maßgeschneidert werden. Ein weiterer Vorteil bei gedruckten Implantaten sind Gitterstrukturen, die vom Körper (im Speziellen von den eigenen Knochen) besser angenommen werden.[7] Bei der Herstellung von Plastikschalen für individuelle In-Ohr-Hörhilfen wird z. B. bereits 90 % des weltweiten Bedarfs mittels 3D-Druck hergestellt.[8]

Beim Druck sind **unterschiedliche Materialien** auftragsindividuell einsetzbar, z. B. Metalle, Keramik sowie Kunst- und Verbundstoffe.[9] Die Auswahl kann anhand verschiedener Kriterien wie z. B. Farbe, Festigkeit, Bioverträglichkeit oder Feuchtigkeitsbeständigkeit erfolgen. In diesem Zusammenhang ist der Einsatz von **Functionally Graded Materials** (FGM) relevant.[10] Bei FGM lassen sich im Bauprozess schrittweise die Mischungen der einzusetzenden Materialien sowie die Struktur verändern.[11] Auf Basis des einzelnen Kundenwunsches sind individuell definierte Objekteigenschaften wie z. B. spezifische mechanische oder thermische Eigenschaften realisierbar.[12] Kleinste Marktsegmente können mit der Losgröße Eins

---

[3]Vgl. Bland/Conner (2015), S. 116.

[4]Vgl. Miebach (2015), S. 17; ebenso Quan et al. (2015), S. 504; Roland Berger Strategy Consultants (2013), S. 18.

[5]Vgl. Weller/Kleer/Piller (2015), S. 53; ebenso Roland Berger Strategy Consultants (2013), S. 18.

[6]Vgl. Bogers/Hadar/Bilberg (2016), S. 231; ebenso Kajtaz et al. (2015), S. 196.

[7]Vgl. Wohlers/Caffrey (2015), S. 202.

[8]Vgl. Wohlers/Caffrey (2015), S. 185.

[9]Vgl. Muller/Hascoet/Mognol (2014), S. 511; Wohlers/Caffrey (2015), S. 16.

[10]Vgl. Muller/Hascoet/Mognol (2014), S. 511; ebenso Udupa/Rao/Gangadharan (2014), S. 1298.

[11]Vgl. Muller/Hascoet/Mognol (2014), S. 511.

[12]Vgl. Gao et al. (2015), S. 76.

wirtschaftlich bedient werden, da keine Werkzeuge oder durch Rüstkosten bedingte Mindestabnahmemengen erforderlich sind (vgl. Abschn. 3.1.4).[13] Eine Simulation für den 3D-Druck von Schokoladenerzeugnissen hat ergeben, dass die Profite aufgrund der Individualisierung signifikant höher sind als bei der Massenfertigung mit konventionellen Methoden.[14] 3D-Druck kann jedoch nicht nur für individuelle Kleinstmengen, sondern auch für **größere Produktionsvolumina** effizient sein.[15] Ein Beispiel ist die Produktion von Kraftstoffdüsen der Firma GE.[16] Bei einigen Materialien ist die Verarbeitung mittels nicht-additiver Fertigungsmethoden generell kostenintensiver als der 3D-Druck. Beispiele sind nickelbasierte Legierungen und Titanium.[17] Bei Objekten aus solchen Materialien lässt sich durch das Senken der Produktionskosten die Wertschöpfung erhöhen.

In der **Produktentwicklung** kann der einzelne Kunde virtuell z. B. via Internet in den Entwicklungsprozess als sog. **Prosumer**[18] über Erstellung bzw. Anpassung der CAD-Datei, die als Grundlage für den Bauprozess dient (vgl. 3.1.3), direkt integriert werden, sodass ein optimaler Fit zwischen Kundenwunsch und Produktdesign und damit ein hoher Kundennutzen gewährleistet wird (Steigerung der Effektivität durch sog. **Co-Creation**).[19] Die Integration des Kunden in den Produktentwicklungsprozess kann zudem den internen Ressourcenverzehr verringern und damit die Effizienz erhöhen.

Des Weiteren lässt sich durch 3D-Druck eine signifikante **Gewichtsreduktion** von Bauteilen erzielen.[20] So können z. B. Bereiche im Innenraum des Werkstücks, die geringer Belastung, Spannung und Druck unterliegen, in einer dünneren Stärke gedruckt, Wabenstrukturen mit Hohlräumen gefertigt oder topologische Optimierungen vorgenommen werden.[21] Bei gleichen oder besseren Eigenschaften resultieren daraus ein geringeres Gewicht und Einsparungen beim

---

[13]Vgl. Boos/Fa. URBANMAKER (2016); ebenso Wöhrle (2015), S. 28; Chen et al. (2015), S. 624; Achillas et al. (2015), S. 335 f.; Bland/Conner (2015), S. 116; ebenso Gebhardt (2016), S. 4

[14]Vgl. Jia et al. (2016), S. 211.

[15]Vgl. Achillas et al. (2015), S. 335 f.

[16]Vgl. General Electric Company (2016), o. S. ; ebenso Gao et al. (2015), S. 68.

[17]Vgl. Bland/Conner (2015), S. 116 f.

[18]Vgl. Chen et al. (2015), S. 618.

[19]Vgl. Würtz/Lasi/Morar (2015), S. 395.

[20]Vgl. Wohlers/Caffrey (2015), S. 187; Roland Berger Strategy Consultants (2013), S. 18.

[21]Vgl. Wohlers/Caffrey (2015), S. 187.

Materialeinsatz. Die Treibstofferspanis und Emissionsreduktion wird insbesondere in der Luftfahrt- und Automobilindustrie als relevanter Wettbewerbsvorteil erkannt (vgl. Abschn. 3.1.4). Gewichtsreduktion lässt sich nicht nur durch eine optimierte Geometrie des Bauteils realisieren, sondern auch durch die Verwendung von **leichterem Material**. Beispielsweise hat die Firma GE Aviation beim Druck von Turbinenblättern für Flugzeuge mit Titanaluminiden (statt ehemals Nickellegierungen) das Gewicht um 50 % reduzieren können.[22] Die Verarbeitung der leichteren Titanaluminiden ist mit nicht-additiven Fertigungsverfahren komplex und birgt das Risiko der Rissbildung. Metallische Bauteile aus dem 3D-Drucker können eine **Dichtigkeit** von bis zu 100 % aufweisen, was z. B. durch Guss vielfach nicht erreicht wird.[23] Resultierende Eigenschaften wie höhere Belastbarkeit und langsamere Materialermüdung erhöhen z. B. beim Flugzeugbau oder bei orthopädischen Implantaten den Wert des Produkts für den Kunden.

Zusammenfassend ist festzuhalten, dass der 3D-Druck zahlreiche Ansatzpunkte zur Steigerung des Kundennutzens bzw. des Werts für den Kunden bietet und somit dieses Lean-Prinzip unterstützt.

4.3   Minimierung der Verschwendung

Das Prinzip der Verschwendungsvermeidung ist aufgrund seiner zentralen Bedeutung für das Lean Thinking im Folgenden besonders zu würdigen (vgl. Abschn. 3.3.1). Dabei wird zwischen Verschwendung in der Entwicklung, der Produktion und im Bereich der Ersatzteile bzw. Reparatur differenziert.

Verschwendung in der Entwicklung
Durch den 3D-Druck sind eine schnellere Produktentwicklung sowie eine Designoptimierung durch die vereinfachte Erstellung von Prototypen im Vergleich zu nicht-additiven Fertigungsverfahren möglich (Rapid Prototyping, vgl. Abschn. 3.1.2).[24] Dabei sind Einsparungen von 30 % bis 80 % der Produktentwicklungszeit („time-to-market") und damit ein schnellerer Markteintritt möglich.[25] Der Zeitgewinn durch die schnellere Produktentwicklung entspricht

---

[22]Vgl. ebenda, S. 201.
[23]Vgl. ebenda, S. 55.
[24]Vgl. Wohlers/Caffrey (2015), S. 21; ebenso Naitove (2014), S. 50.
[25]Vgl. Gebhardt (2016), S. 498.

dem Prinzip der Minimierung der Verschwendung, indem sich Wartezeiten bis zur Verfügbarkeit von Prototypen verringern. Zudem wird dem Prinzip durch die frühestmögliche Identifikation und Behebung von Fehlern bereits in der Produktentwicklung entsprochen („designing quality in"). So können durch den vereinfachten Prototypenbau mögliche Fehler oder zukünftige Defekte in den Produkten vor der eigentlichen Herstellung für den Kunden erkannt und vermieden werden. Allerdings ist zu bedenken, dass durch die einfachere Herstellung die Prototypen in einer höheren, ggf. unnötigen Anzahl hergestellt werden und mehr Tests als notwendig erfolgen.[26] Ein solcher zusätzlicher, nicht durch eine weitere Steigerung des Kundenwerts zu rechtfertigender Verbrauch an Ressourcen kann wiederum Verschwendung induzieren.

Jedes erstellte Design muss auf bestimmte Eigenschaften wie z. B. Sicherheit und mechanisches Verhalten überprüft werden. Wenn Kunden am Produkt-Design mitwirken (Co-Creation) oder das Design eigenständig in Form einer CAD-Datei erstellen, stellt dies für das Unternehmen aufgrund der Vielzahl der Designs und Objekte, die es zu prüfen und drucken gilt, eine komplexe Aufgabe im Hinblick auf Planung und Durchführung dar.[27] Allerdings trägt die Überprüfung der Designs nicht zur Werterhöhung des Objekts bei und ist somit Verschwendung. Dieses Problem wäre ggf. durch eine Design-Software, die qualitätsrelevante Validierungen im Hinblick auf die Druckbarkeit (z. B. geschlossener Volumenkörper) bereits beim Designprozess durch den Kunden automatisiert vornimmt, lösbar.

Die Verschwendungsart der ungenutzten **Mitarbeiterkreativität** wird im 3D-Druck vermieden, indem die Bediener der 3D-Drucker Erfahrungen im Hinblick auf die Parameter des Vorbereitungs-, Druck- und Nachbereitungsprozesses sammeln und diese in zukünftige Druckaufträge einbringen. Im Gegensatz zu vielen nicht-additiven Fertigungsverfahren können Mitarbeiter beim 3D-Druck zeitnah und ohne aufwendige Rüstvorgänge bzw. große Lose mit verschiedenen Parametern des Bauprozesses experimentieren und das Ergebnis direkt validieren. Abweichungen vom gewünschten Ergebnis sind frühzeitig erkennbar. 3D-Druckdienstleister erachten Erfahrungswerte für optimierte Parametereinstellungen als wichtigen Erfolgsfaktor für die Druckqualität.[28] Die Potenziale zur Nutzung der Mitarbeiterkreativität zur Optimierung des Produktionsprozesses und -ergebnisses scheinen durch direkte Eingriffsmöglichkeiten in den Herstellungsprozess und

---

[26]Vgl. Gao et al. (2015), S. 79; Chen et al. (2015), S. 624.
[27]Vgl. Bogers/Hadar/Bilberg (2016), S. 231.
[28]Vgl. Boos/Fa. URBANMAKER (2016).

direkte Rückmeldung des Ergebnisses größer als bei vielen anderen nicht-additiven Fertigungsverfahren. Darüber hinaus kann die Kreativität der Kunden genutzt werden, indem diese als sog. Co-Designer bzw. Prosumer in den Produktentstehungsprozess integriert werden. Kunden können bestehende digitale (Grund-) Designs individuell modifizieren oder dem Hersteller komplett eigene Designs über das Internet bereitstellen.

Verschwendung in der Produktion

Die Analyse der Wirkungen des 3D-Drucks auf Verschwendung in der Produktion ist komplex: Zum einen im Hinblick auf die Vielzahl der Elemente, zum anderen im Hinblick auf die Wechselbeziehungen zwischen den Elementen. Abb. 4.1 bietet einen Überblick über die analysierten Elemente und ihre Zusammenhänge. Ausgangspunkt der Analyse ist die Funktionsintegration als zentrales Merkmal des 3D-Drucks. Daran anschließend sind die Wirkungen des 3D-Drucks im Hinblick auf Verschwendung bzw. Kostenwirkungen zu untersuchen. Dafür wird der Druckprozess in Vorbereitungs-, Bau- und Nachbereitungsphase unterteilt und sukzessive beleuchtet.

Ein 3D-Drucker ist verfahrensbedingt nicht produktspezifisch ausgelegt (keine spezifischen Werkzeuge, Formen etc.), sodass sich auf einer Druckmaschine

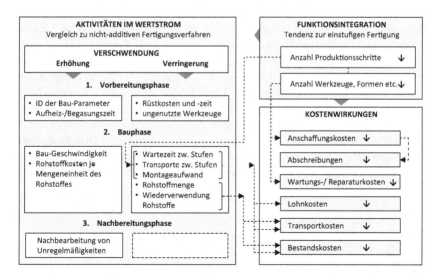

Abb. 4.1 Überblick zur Analyse der Verschwendung in der Produktion

unterschiedliche Bauteile ohne Umrüsten fertigen lassen (vgl. Abschn. 3.1.4). Der Begriff **Funktionsintegration** bezeichnet die Fähigkeit des 3D-Drucks, Objekte in der Regel einstufig („in einem Zug") zu drucken, sodass mehrere Bauteile in einer Baugruppe nicht separat gefertigt und ggf. in einem weiteren Schritt zu montieren sind. Dadurch entfällt neben den Lohnkosten ebenso die Notwendigkeit zum **Aufbau einer mehrstufigen Fertigungslinie,** die mehrere Produktionsschritte umfasst (z. B. Fräsmaschine, Bohrmaschine, Montage etc.).[29] Der Aufbau einer Fertigungslinie ist eine notwendige, aber nicht wertschöpfende Aktivität, sodass durch den Wegfall nicht-wertschöpfende Aktivitäten reduziert werden. Aus der Funktionsintegration resultiert zudem ein im Vergleich zu nicht-additiven Fertigungsverfahren **geringerer Bedarf an Fertigungsanlagen, Werkzeugen, Formen und Vorrichtungen.** Dadurch verringert sich der Platzbedarf. Anschaffungskosten werden ggf. reduziert, sodass in der Infrastruktur weniger Kapital gebunden ist und niedrigere Abschreibungen anfallen. Wartungs- und Reparaturkosten für Werkzeuge, Formen und Vorrichtungen entfallen.

Die Konsolidierung verschiedener Bauteile in einem Druckobjekt (Funktionsintegration) sowie die Möglichkeit zur bedarfssynchronen Fertigung kleiner Losgrößen („just-in-time") reduzieren den Lagerbestand, da weniger unterschiedliche Rohstoffe, Halbfertig- und Fertigerzeugnisse zu lagern sind (vgl. Abschn. 3.1.4).[30] Ebenso sinkt die Komplexität der Lagerung (z. B. unterschiedliche Ladungsträger, Behälter) und des Handlings (z. B. Ein- und Auslagerung, innerbetrieblicher Transport).[31] Dies betrifft die Lagerung in den Bereichen Beschaffungs-, Produktions- und Distributionslogistik.[32] Ggf. werden Endprodukte für die Distribution gar nicht als physischer Bestand gelagert, sondern nur in Form digitaler Daten auf einem Server gespeichert und erst bei konkretem Kundenbedarf durch den Druck in ein physisches Objekt transformiert (vgl. Abschn. 3.1.4). Somit sinken die **Lagerkosten** aufgrund eines verringerten **Lagerbestands** und **Platzbedarfs** signifikant. Dem Prinzip der Minimierung der Verschwendung durch Abbau von Beständen bzw. Überkapazitäten wird damit entsprochen. Einschränkend ist anzumerken, dass zahlreiche **Druckrohstoffe** sorgfältiges **Handling** und besondere **Lagerbedingungen** erfordern. Vielfach weisen sie eine begrenzte Lebensdauer auf und sind bei der Lagerung vor Feuch-

---

[29]Vgl. Wohlers/Caffrey (2015), S. 185; ebenso Bland/Conner (2015), S. 117.

[30]Vgl. Tuck/Hague/Burns (2007), o. S.

[31]Vgl. Wohlers/Caffrey (2015), S. 187.

[32]Vgl. Feldmann/Pumpe (2016).

tigkeit, hohen Temperaturen und Lichteinstrahlung zu schützen, um chemische Reaktionen bzw. Qualitätsminderungen zu vermeiden.[33] Daher sind entsprechende Maßnahmen wie z. B. eine Klimatisierung im Lager zu implementieren, um Verschwendung in Form der Verschrottung nicht mehr verwendungsfähiger Druckrohstoffe und der Verschrottung bzw. Nacharbeit fehlerhafter Bauteile zu vermeiden.

Bei mehreren Fertigungsstufen besteht das Risiko, dass eine größere Menge fehlerhafter Teile gefertigt wird und Fehler an nachfolgende Bearbeitungsstationen weitergereicht werden.[34] Dieses Risiko entfällt durch die im Regelfall gegebene Einstufigkeit des 3D-Drucks (unter der Prämisse der Vernachlässigung möglicher Nachbearbeitungsschritte). Zudem fördert die Wirtschaftlichkeit der Losgröße Eins die sofortige Fehlerkontrolle im Vergleich zu rüstkostengetriebener Kampagnenfertigung großer Lose. Somit unterstützt der 3D-Druck das **Null-Fehler-Prinzip** im Rahmen von **Jidoka.**

Allerdings bestehen ebenso **Risiken bei einem hohen Grad an Funktionsintegration** beim 3D-Druck.[35] Sollte ein Fehler auftreten, so ist bei einem Druck in einem einzigen Produktionsschritt ggf. direkt das Endprodukt betroffen. Das gesamte Objekt muss verschrottet und neu gedruckt werden. Bei einer mehrstufigen, nicht-additiven Fertigung hingegen müsste bei einem Fehler an einem Bauteil, der z. B. bei einem nachfolgenden Schritt wie der Montage entdeckt würde, nur ein Einzelteil neu gefertigt werden (und nicht das gesamte Endprodukt). Insofern kann der 3D-Druck zu Verschwendung in Form höherer Fertigungs- bzw. Verschrottungskosten führen.

Die **Wertstrom-Aktivitäten für einen Druckauftrag** bzw. dessen **Durchlaufzeit** lassen sich der 1) Vorbereitungs-, 2) Bau- und 3) Nachbereitungsphase zuordnen (für die Darstellung des Druckprozesses vgl. Abb. 3.3 in Abschn. 3.1.3). Die **Vorbereitungsphase** beinhaltet das Erstellen des digitalen 3D-Modells, die Konvertierung des 3D-Modells in ein 3D-Druckformat wie z. B. STL, die Aufbereitung und den Transfer der Datei zum Drucker sowie das Einrichten des Druckers. Die **Bauphase** umfasst die eigentliche physikalische Fertigung des Bauteils, bei der schichtweise Material aufgebracht und ausgehärtet wird, um das Objekt zu generieren. Der **Nachbereitungsphase** sind Aktivitäten wie Entnahme, Säuberung und ggf. Nachbearbeitung des Objekts zuzurechnen. Im Folgenden

---

[33]Vgl. Gibson/Rosen/Stucker (2015), S. 54.

[34]Vgl. Womack/Jones (2013), S. 74.

[35]Vgl. Thompson/Stolfi/Mischkot (2016), S. 27.

werden für diese drei Phasen sowohl zeitliche Effekte als auch Wirkungen im Hinblick auf Verschwendung beleuchtet.

Der Aufwand bzw. der Zeitbedarf für die 1) **Vorbereitungsphase** eines Fertigungsauftrags ist beim 3D-Druck geringer als bei den meisten nicht-additiven Fertigungsverfahren.[36] Rüstaktivitäten wie z. B. die Auswahl und Justierung der Werkzeuge oder die Positionierung des Werkstücks entfallen (vgl. Abschn. 3.1.1 und 3.1.4). Rüstaktivitäten sind notwendige, aber nicht wertschöpfende Tätigkeiten.[37] Somit minimiert der Wegfall solcher Aktivitäten beim 3D-Druck Verschwendung durch Rüstkosten und ungenutzte Werkzeuge. Die werkzeugfreie Herstellung spart jedoch nicht nur operative Rüstkosten ein. Stillstandzeiten aufgrund von Reparatur und Wartung der Werkzeuge und Formen entfallen, sodass Wartezeiten sinken und sich somit Verschwendung verringert.[38] Ggf. wird zudem die Lieferzeit bei der Beschaffung auftragsindividueller Werkzeuge und Formen eliminiert.[39] Einschränkend ist im Hinblick auf die Vorbereitungszeit anzumerken, dass die Identifikation der optimalen **Einstellung der Parameter für den Bauprozess** (z. B. Temperatur, Druckgeschwindigkeit) aufwendig sein kann.[40] Beispielsweise sind für ein gleiches Material bei einem anderen Druckverfahren abweichende Parameter einzustellen, um identische Objekteigenschaften zu reproduzieren.[41] Eine nicht standardisierte Parametrisierung des Bauprozesses erhöht die Wahrscheinlichkeit des Auftretens von Fehlern bzw. einer mangelnden Reproduzierbarkeit der Objekteigenschaften. Die Vielfalt der Parameter bzw. die Notwendigkeit zum Testen verschiedener Kombinationen der Parameter im Bauprozess kann eine Quelle für Verschwendung sein: Nicht alle Unternehmen nutzen zum Testen der Parametereinstellungen die Methoden der statistischen Versuchsplanung (engl. Design of Experiments, DoE), um den Aufwand zu minimieren. Die Einstellung der Parameter lässt sich sowohl mittels mathematischer Modelle bzw. Simulationen als auch durch die konsequente, systematische Dokumentation von Erfahrungswerten[42] optimieren, sodass der Grad an Verschwendung aufgrund von Lerneffekten im Zeitablauf vermutlich sinkt.

---

[36]Vgl. Bland/Conner (2015), S. 116 f.; D'Aveni (2015), S. 44.

[37]Vgl. Slack/Brandon-Jones/Johnston (2011), S. 258 f.

[38]Vgl. Wohlers/Caffrey (2015), S. 186.

[39]Vgl. Bland/Conner (2015), S. 116.

[40]Vgl. Roland Berger Strategy Consultants (2013), S. 18.

[41]Vgl. Gao et al. (2015), S. 79; ebenso Gebhardt (2016), S. 438.

[42]Vgl. Boos/Fa. URBANMAKER (2016).

Auf Basis der o. g. Argumentation einer verkürzten Vorbereitungszeit leiten einige Autoren ab, dass sich die gesamte Durchlaufzeit im Vergleich zu nicht-additiven Fertigungsverfahren reduziert.[43] Ein spektakuläres Beispiel liefert das Unternehmen SpaceX, das ein Ventil für eine Rakete mittels additiver Fertigung in unter zwei Tagen produziert hat. Der alternative Gießzyklus hätte im Vergleich mehrere Monate erfordert.[44] Allerdings gibt es auch kompensierende Effekte bei Vorbereitung, Bau und Nachbereitung. Eine ggf. erforderliche **Aufheiz- oder Begasungszeit** (z. B. beim Lasersintern) verlängert die Vorbereitungszeit.[45] Die Aufheizzeit kann sich bei Kunststoffen auf einige Minuten bis hin zu einer Stunde belaufen, bei Metallen sogar länger.[46] Diese Vorbereitung schafft keinen Kundennutzen und ist somit als nicht wertschöpfende Aktivität zu betrachten. Zur Ermittlung der gesamten Durchlaufzeit sind neben der Vorbereitungszeit ebenso die Bauzeit, d. h. die eigentliche physikalische Fertigung des Bauteils, und ggf. eine Nachbereitungszeit zu berücksichtigen. Beide können die o. g. Zeiteinsparungen der Vorbereitungsaktivitäten (über)kompensieren.

In der **2) Bauphase** wird die **Bauzeit** bzw. Geschwindigkeit des Drucks vor allem von Volumen, Höhe und weiteren Qualitätsanforderungen des Bauteils determiniert.[47] Durch die **Funktionsintegration** sinkt die Anzahl der Bauteile, die es ggf. für das Endprodukt zu montieren gilt, da ehemalige Baugruppen nun als ein Bauteil gedruckt werden. Dadurch sinken die Montagezeit und damit die Lohnkosten. Die Lohnkosten sinken ebenso aufgrund der Tatsache, dass der eigentliche **Bauprozess** im Regelfall **autark** im Bauraum abläuft und kein manuelles Eingreifen des Bedieners erfordert. Eine daraus resultierende Wartezeit des Bedieners lässt sich z. B. für vorbereitende Aktivitäten des folgenden Druckauftrags nutzen, um durch diese Parallelisierung Verschwendung zu vermeiden. Die Montagezeit ist zudem nicht mehr von der rechtzeitigen Herstellung bzw. Lieferung aller für die Endmontage erforderlicher Bauteile abhängig. **Transport- und Wartezeiten** sinken bzw. entfallen, da verschiedene Bauteile nicht mehr an einem Ort zu einem Zeitpunkt zusammenzuführen sind (innerhalb eines Werks oder zwischen zwei Standorten eines Fertigungsnetzwerks). Die Bewegungen bzw.

---

[43]Vgl. Wohlers/Caffrey (2015), S. 186; Roland Berger Strategy Consultants (2013), S. 18.
[44]Vgl. Wohlers/Caffrey (2015), S. 203 f.
[45]Vgl. Gebhardt (2016), S. 507.
[46]Vgl. Boos/Fa. URBANMAKER (2016).
[47]Vgl. Miebach (2015), S. 17; Gebhardt (2016), S. 508.

Transportwege zwischen einzelnen Bearbeitungsstationen bzw. Fertigungsstufen bei nicht-additiver Fertigung entfallen, sodass Verschwendung in der Produktionslogistik eliminiert wird. Allerdings ist hervorzuheben, dass Unternehmen trotz der o. g. Vorteile die relativ langsame Geschwindigkeit des 3D-Drucks als eine wesentliche Barriere für die breitere Anwendung in der (Serien)Fertigung erachten (vgl. Abschn. 3.1.5). Beispielsweise kann die Bauzeit 100 bis 1000 Mal mehr Zeit erfordern als die alternative Fertigung mittels Spritzgussverfahren.[48]

3D-Druck erfordert aufgrund des additiven Charakters des Verfahrens einen signifikant geringeren **Materialeinsatz** als nicht-additive Fertigungsverfahren.[49] Wohlers und Caffrey konstatieren z. B. beim subtraktiven Fräsen einen Verschwendungsgrad von 80 bis 95 % im Hinblick auf den Materialeinsatz, wobei die anfallenden Späne lediglich für 5 % des Einkaufspreises des Ausgangsmaterials verkauft werden können.[50] Mittels 3D-Druck lässt sich diese Verschwendung durch das zielgenaue Aufbringen der exakt benötigten Menge des Materials wesentlich reduzieren.[51] Bei vielen Druckverfahren kann der bei einem Fertigungsauftrag nicht verbrauchte Rohstoff zwar wiederverwendet werden.[52] Dabei ist allerdings auf eine konsistente Qualität und Verunreinigungen zu achten, um eine Qualitätsminderung des Outputs zu verhindern. Beispielsweise vermeiden Inspektionen oder Filtersiebe die Verschwendung durch Verschrottung nicht mehr verwendungsfähiger Druckrohstoffe.

Im Hinblick auf die Beurteilung des Materialeinsatzes beim 3D-Druck ist nicht nur das Volumen bzw. Gewicht des eingesetzten Rohstoffes relevant, sondern ebenso die **Materialkosten** im Rahmen der Beschaffung. Diese sind im Vergleich zu äquivalenten Rohstoffen nicht-additiver Fertigungsverfahren signifikant höher. Gründe hierfür sind vor allem die Marktstruktur und das Streben nach Lock-in-Effekten seitens der Hersteller von 3D-Drucksystemen. Die aktuelle Marktstruktur ist sowohl durch relativ wenige Anbieter und Abnehmer als auch durch geringe Nachfragemengen gekennzeichnet.[53] Dies führt zu vergleichsweise hohen Preisen. Der Lock-in-Effekt („Einsperr-Effekt") bezeichnet eine erzwungene Kundenbindung durch hohe

---

[48]Vgl. Hargreaves (2011), S. 39, Interviewantwort von Bennett, G.

[49]Vgl. Ivanova/Williams/Campbell (2013), S. 353.

[50]Vgl. Wohlers/Caffrey (2015), S. 203.

[51]Vgl. ebenda.

[52]Vgl. Quan et al. (2015), S. 505; ebenso Muita/Westerlund/Rajala (2015), S. 36; Petrovic et al. (2011), S. 1063.

[53]Vgl. Wohlers/Caffrey (2015), S. 54.

Wechselkosten bzw. -barrieren. Einige Hersteller von Druckern versuchen Kunden zur ausschließlichen Nutzung ihrer eigenen Materialien zu zwingen.[54] Die **3) Nachbereitungsphase** umfasst Aktivitäten wie die Entnahme und ggf. die (vielfach manuelle) Nachbearbeitung des Bauteils (z. B. Reinigen, Entfernen von Stützmaterial, Verbessern der Oberflächenqualität, Aushärten)[55] und kompensiert die potenziellen Einsparungen der Vorbereitungszeit. Der Zeitbedarf für das **Reinigen** des Objekts unterscheidet sich in Abhängigkeit vom eingesetzten Material und der Geometrie.[56] Das **Entfernen von ggf. vorhandenem Stützmaterial** kann bei Kunststoffteilen z. B. durch Säurebäder oder manuelles Abbrechen erfolgen. Dafür werden Stützen so gedruckt, dass das Abbrechen das Bauteil nicht beschädigt.[57] Stützen für metallische Teile werden vielfach mechanisch z. B. mit einer Säge entfernt, sodass bei Metall ein höherer manueller Aufwand als bei Kunststoffteilen anfällt.[58] Der Einsatz des Stützmaterials (und damit auch das Entfernen) erhöht den Kundennutzen nicht, sondern ist nur eine technische Notwendigkeit für die Fertigung bestimmter Geometrien. Diese nicht-wertschöpfenden Aktivitäten sind auf ein Mindestmaß zu reduzieren. Das **Aushärten** von Bauteilen erfolgt in Abhängigkeit des Materials durch chemische oder thermische Prozesse, z. B. bei Fotopolymeren mittels UV-Licht. Zur **Verbesserung der Oberflächenbeschaffenheit bzw. Glättung** sind verschiedene Methoden wie z. B. Schleifen, Pulver- und Kugelstrahlen oder Säure einsetzbar.[59] Ein Grund für eine nur bedingt glatte Oberfläche bei gedruckten Bauteilen ist der sog. Treppenstufeneffekt.[60] Da ein dreidimensionales Objekt durch schichtweises „Aufeinanderdrucken" einzelner zweidimensionaler Schichten entsteht, bilden sich kleine Stufen an den Rändern des Objekts. Bei den vorgenannten Aktivitäten handelt es sich um wertschöpfende Tätigkeiten, sofern sie den Kundennutzen erhöhen bzw. die verfahrensbedingte Qualität des Bauteils soweit verbessern, dass die Kundenbedürfnisse befriedigt werden.

---

[54]Vgl. Wohlers/Caffrey (2015), S. 189 f.

[55]Vgl. Sonnenberg (2016), S. 33, Interviewantwort von Gebhardt, R.

[56]Vgl. Boos/Fa. URBANMAKER (2016).

[57]Vgl. ebenda.

[58]Vgl. Wohlers/Caffrey (2015), S. 48.

[59]Vgl. ebenda, S. 43.

[60]Vgl. Pan et al. (2012), S. 460; ebenso Petrovic et al. (2011), S. 1064.

Als Verschwendung sind hingegen solche Nachbearbeitungen zu klassifizieren, die aufgrund von **Fehlern bzw. Unregelmäßigkeiten im Bauprozess** notwendig sind. Dies ist z. B. der Fall beim nachträglichen Beheben von Unregelmäßigkeiten durch Schleifen oder Fräsen. Metallische Bauteile erfordern vielfach eine Nachbehandlung bzw. ein Pressverfahren, um die während des Bauprozesses entstandene Spannung thermisch zu entlasten sowie kleine Risse und eine ggf. vorhandene Porosität zu beheben.[61] Die exakte Reproduzierbarkeit von Objekten ist beim 3D-Druck nur bedingt gegeben, z. B. im Hinblick auf Inkonsistenzen in der Mikrostruktur oder mechanische Eigenschaften.[62] Werkstücke verändern beim Abkühlen ihr Volumen und büßen durch das „Verziehen" Dimensionsgenauigkeit ein.[63] Außerdem weisen die Bauteile vielfach anisotrope Eigenschaften auf.[64] Dies bedeutet, dass die Stärke und Festigkeit nicht in alle drei Richtungen des Objektes identisch ist. Lean Production zielt auf die fehlerfreie Herstellung von Objekten und Reproduzierbarkeit von Standards, um Verschwendung zu vermeiden. Nachbearbeitungsschritte zur Behebung von Qualitätsmängeln oder Fehlern stellen Verschwendung dar. Sind die Qualitätsmängel nicht zu beheben, so ist die resultierende Verschrottung des Bauteils ebenso als Verschwendung einzuordnen. Insofern unterstützt der 3D-Druck eine verschwendungsarme Fertigung nicht in allen Aspekten.

Zusammenfassend ist festzuhalten, dass sich nur Tendenzaussagen zur Wirkung des 3D-Drucks auf die Aktivitäten für einen Druckauftrag (Vorbereitungs-, Bau- und Nachbereitungsphase) im Vergleich zu nicht-additiven Fertigungsverfahren treffen lassen. Für den konkreten Einzelfall, d. h. eine definierte Kombination von Bauteil, Druckverfahren und Material, ist der Gesamtdurchlauf im Wertstrom im Hinblick auf Vorbereitungs-, Bau- und Nachbereitungszeit bauteilspezifisch zu analysieren, um belastbare Aussage zu erzielen.

Der 3D-Druck entfaltet nicht nur Wirkungen auf die Zieldimensionen des Produktionssystems eines einzelnen Unternehmens. Die **Wirkungen auf unternehmensübergreifende Wertströme** sind als umwälzend zu charakterisieren. In einer konventionellen Supply Chain (Wertschöpfungs-, Lieferkette) ohne 3D-Druck erbringen mehrere Unternehmen arbeitsteilig eine Leistung für einen

---

[61]Vgl. Wohlers/Caffrey (2015), S. 48.

[62]Vgl. ebenda, S. 205.

[63]Vgl. Boos/Fa. URBANMAKER (2016); ebenso Gebhardt (2016), S. 62.

[64]Vgl. Roland Berger Strategy Consultants (2013), S. 18; Ivanova/Williams/Campbell (2013), S. 353; Petrovic et al. (2011), S. 1064.

Endkunden.[65] Die Wertschöpfung ist durch hohe Investitionen in Maschinen und Infrastruktur gekennzeichnet, sodass die Produktion hoher Stückzahlen angestrebt wird. Aufgrund der Vielzahl der beteiligten Partner und der Erstellung von Werkzeugen und Formen ist der Zeitraum von der ersten Produktidee bis zum ersten Verkauf relativ lang. Transport- und Lagerkosten bestimmen wesentlich die Höhe der Gesamtkosten in der Supply Chain. Bei einer Supply Chain mit 3D-Druck sind radikale Strukturänderungen bzw. Verkürzungen denkbar, indem komplette Wertschöpfungsstufen umgangen werden (sog. **Disintermediation**). Im Extremfall des Drucks beim Endverbraucher entfallen Teile-Lieferanten, Produktionsstufen, Transportdienstleister und lokaler Handel: Statt physischen Produkten bestimmen Transaktionen digitaler Daten und Druck-Rohstoffe die Supply Chain. Die Eigenproduktion mit hoher Fertigungstiefe findet **nah am Ver- bzw. Gebrauchsort** statt. Diese **Dezentralisierung der Fertigung** in die Nähe des externen oder internen Kunden senkt Transportkosten, Lieferzeiten und -risiken sowie Bestände.[66] Die Kundenzufriedenheit steigt, da Bedarfe schneller und flexibler bedient werden können. Die Verschwendung durch Überproduktion (Bestände) wird durch kundenindividuelle, bedarfssynchrone Fertigung vermieden. Durch die Verringerung der Lohn-, Transport- und Koordinationskosten kann ein sog. Reshoring, d. h. die Rückverlagerung der Produktion aus Niedriglohnländern in die Absatzregion, wirtschaftlich werden.[67]

Verschwendung bei Ersatzteilen und Reparatur

Der 3D-Druck bietet für das **Ersatzteilgeschäft** sowohl für die Steigerung des Kundennutzens als auch für die Verringerung von Verschwendung signifikante Potenziale (vgl. auch Abschn. 3.1.4).[68] Im Ersatzteilgeschäft fordern Kunden eine hohe Verfügbarkeit und kurze Lieferzeiten, um kritische Ereignisse wie z. B. Produktionsausfälle zeitnah beheben zu können. So hält z. B. der Flugzeughersteller Airbus am Standort Hamburg ca. 120.000 Ersatzteile ständig als Lagerbestand vor, um zeitnah lieferfähig zu sein.[69] Allerdings werden aus der Gesamtheit aller Teile nur ca. 80 % wenige Male im Jahr benötigt.

In einem Szenario mit 3D-Druck werden statt physischer Ersatzteile im Lager digitale 3D-Modelle auf einem Server vorgehalten, die erst bei konkretem Bedarf

---

[65]Vgl. im Folgenden in enger Anlehnung an Feldmann/Pumpe (2015), S. 8.
[66]Vgl. Bogers/Hadar/Bilberg (2016), S. 229 f.; ebenso Wohlers/Caffrey (2015), S. 185.
[67]Vgl. Feldmann/Pumpe (2014), S. 9.
[68]Vgl. Boos/Fa. URBANMAKER (2016).
[69]Vgl. Holmström et al. (2010), S. 692 ff.

des Kunden gedruckt werden. Dadurch werden hohe Kosten für die Lagerung physischer Objekte durch die relativ niedrigen Kosten für die Speicherung digitaler Daten substituiert. Findet der Druck in geografischer Näher zum Bedarfsort statt (Dezentralisierung), so reduzieren sich ebenso Lieferzeit und Transportkosten.

Durch 3D-Druck können zudem Ersatzteile für Maschinen hergestellt werden, für die z. B. aufgrund des hohen Alters am Markt keine Ersatzteile erhältlich sind. Als digitale Basis kann sowohl ein vorliegendes CAD-Modell als auch der Scan des defekten Teils dienen. Verschwendung durch Verschrottung der Maschine ist so vermeidbar. 3D-Druck ist nicht nur für den Austausch defekter Bauteile einsetzbar, sondern ebenso für die Reparatur von Teilen, Werkzeugen, Formen und Vorrichtungen (vgl. Rapid Repair, Abschn. 3.1.2). Damit entfallen Verschrottungskosten.

Zusammenfassend ist festzuhalten, dass additive Fertigungsverfahren vielfältige Potenziale für die Verringerung von Verschwendung in der Produktentwicklung, in der Produktion und im Ersatzteilgeschäft bieten. Insbesondere in der Produktion treten jedoch ebenso kompensierende nicht-wertschöpfende Aktivitäten wie z. B. Aufheizen, Begasung des Bauraums oder die Nachbearbeitung verfahrensbedingter Unregelmäßigkeiten auf.

4.4   Erzeugen eines kontinuierlichen Flusses

Der one-piece-flow bezeichnet eine **kontinuierliche Fließfertigung** mit dem Ziel der Losgröße 1 (vgl. Abschn. 3.3.2). Im Idealzustand ist der Wertstrom ein Prozess, in den das Rohmaterial „hineinfließt" und daraus ohne Unterbrechung der Bearbeitung unmittelbar das Endprodukt hergestellt wird.[70]

Das Schichtbauverfahren des 3D-Druck entspricht durch die Möglichkeit zur **Funktionsintegration** (vgl. Abschn. 3.1.4) diesem Ideal weitgehend. Produkte, die mit konventionellen Verfahren als Einzelteile hergestellt und dann montiert werden, können mit dem 3D-Druck direkt als vollständiges Endprodukt gedruckt werden, ohne dass eine Montage von Teilen erforderlich ist.[71] Die Funktionsintegration des 3D-Drucks lässt sich als **technologisch geprägte Prozessintegration** in der Fertigung (im Gegensatz zu einer arbeitsablauforientierten Integration

---

[70]Vgl. Erlach (2010), S. 148.
[71]Vgl. Wohlers/Caffrey (2015), S. 185; ebenso Bland/Conner (2015), S. 117; Gebhardt (2016), S. 427.

in der Montage) kategorisieren.[72] Dabei werden mehrere Bearbeitungsverfahren wie z. B. spanabhebende Verfahren Bohren und Fräsen, die vormals über mehrere Werkzeugmaschinen hinweg erfolgten, durch eine **Komplettfertigung** mittels eines 3D-Druckers substituiert. Ein Beispiel: Das Unternehmen GE Aviation hat eine Treibstoffdüse neu konzipiert, sodass sie nicht mehr aus 18 unterschiedlichen Teilen montiert wird, sondern als ein komplettes Objekt gedruckt wird. So wurde der Aufwand des Lötens eliminiert.[73] Durch die Funktionsintegration zeichnet sich ein Paradigmenwechsel von einer aktuell mehrstufigen einzelteil- und montageorientierten Fertigung hin zu einer einstufigen Herstellung komplexer Produkte ab.[74]

Um **Objekte aus anderen Materialien** wie z. B. Schaltkreise oder Motoren in das Werkstück einzudrucken oder einzulegen, kann während des Bauprozesses auf den Innenraum des Bauobjekts zugegriffen werden.[75] Nach dieser Unterbrechung kann der Druck fortgesetzt werden, sodass diese Objekte in das Werkstück integriert werden, ohne dass weitere Montageschritte erforderlich sind.[76] Die Kopplung mehrerer Bauräume ermöglicht die simultane Vorbereitung, Bau und Nachbereitung der Baujobs und damit eine unterbrechungsfreie Fertigung.[77] Dabei sorgen Transportsysteme und automatisierte Auspackstationen für die erforderliche Intralogistik, sodass das Flussprinzip unterstützt wird.

Das Potenzial zur (kundenindividuellen) Losgröße 1 des 3D-Drucks ermöglicht eine absatzsynchrone Reaktion auf Nachfrageschwankungen und ein funktionierendes Pull-System, in dem ein dem Kundenbedarf entsprechender Variantenmix produziert wird. Im Idealfall ermöglicht der one-piece-flow eine **Fertigung synchron zum Kundentakt,** sodass der Strom des Wertes in den Prozessen in Übereinstimmung mit der Kundennachfrage erfolgt. Dies erfordert allerdings, dass die Kapazität des 3D-Druckers bzw. die Druckgeschwindigkeit dem Kundentakt entspricht. Ist die „Rüstzeit" des 3D-Druckers (z. B. Aufwärm-, Entnahme- oder Reinigungszeit) kürzer als die Taktzeit, so erhöht der one-piece-

---

[72]Zur technologisch geprägten Prozessintegration vgl. hierzu und im Folgenden Erlach (2010), S. 148 f.

[73]Vgl. Wohlers/Caffrey (2015), S. 27.

[74]Vgl. Gebhardt (2016), S. 454.

[75]Vgl. Kumar et al. (1998), S. 18.

[76]Vgl. Gao et al. (2015), S. 71.

[77]Vgl. Gebhardt (2016), S. 496 ff.

flow die **Flexibilität,** da neue Aufträge ohne lange Wartezeiten (im Gegensatz zu rüstzeitgetriebener Kampagnenfertigung) bei maximaler Variabilität ohne Reihenfolgerestriktionen gefertigt werden können. Die Implementierung eines solchen one-piece-flows reduziert signifikant **Verschwendung.** Zwischen- bzw. Pufferbestände vor und nach den ehemals getrennten Bearbeitungsstationen verschiedener Prozessschritte entfallen, sodass Lagerkosten und Platzbedarf signifikant verringert werden. Die Produktivität steigt, weil das in Zwischenbeständen gebundene Kapital gesenkt wird und Tätigkeiten der innerbetrieblichen Logistik entfallen. Nicht wertschöpfende Aktivitäten sind leicht identifizierbar und der Kapazitätsbedarf ist bei einem definierten Kundentakt auf Basis der wertschöpfenden Aktivitäten einfach zu berechnen.

Die **Durchlaufzeit** eines einzelnen Auftrags kann sich bei einer bedarfssynchronen Fertigung mit 3D-Druck signifikant verkürzen, da die Wartezeiten einer rüstkostenbedingten Fertigung großer Lose entfallen (z. B. Fertigung jeder Variante nur einmal je Periode). Sie beträgt im Vergleich zu einer diskontinuierlichen Losfertigung mindestens die Summe der Bearbeitungszeiten multipliziert mit der Losgröße.[78] Dies setzt allerdings voraus, dass die Druckgeschwindigkeit der Bearbeitungsgeschwindigkeit eines nicht-additiven Fertigungsverfahrens entspricht.

Die Prozessintegration beim 3D-Druck führt zu verringerten **Fehlerkosten** durch schnellere Fehlerentdeckung, da nicht ein ganzes Los als Ausschuss gefertigt wird, bevor dies in einem folgenden Prozessschritt erkannt wird.[79] Die Ursache der Fehlerentstehung ist direkt nachvollziehbar, da Zwischenlagerungen und Folgeprozesse eliminiert sind.

Den vorgenannten Vorteilen des 3D-Drucks im Hinblick auf eine schlanke Fließfertigung steht allerdings das **Risiko der Verfügbarkeit** der Anlage gegenüber:[80] Bei einer Störung des 3D-Druckers kommt die Produktion komplett zum Erliegen, sofern keine Reservekapazitäten zur Verfügung stehen. Dies ist bei einer diskontinuierlichen Losfertigung nicht der Fall, da bei einem Maschinenausfall die separierten Produktionsprozesse ihre Losen weiter bearbeiten können. Demgegenüber führt in einem 3D-Druck-Szenario der Mangel an Beständen, die Störungen abfangen könnten, zu einem hohen Verbesserungsdruck. Zudem besteht

---

[78]Vgl. Erlach (2010), S. 150, für ein Berechnungsbeispiel (unabhängig vom 3D-Druck).

[79]Zu den allgemeinen Wirkungen der Prozessintegration auf die Fehlerentdeckung vgl. Erlach (2010), S. 152.

[80]Zu allgemeinen Überlegungen zur Verfügbarkeit bei Prozessintegration vgl. Erlach (2010), S. 152.

kein Risiko durch Bestände, die bei einer Losfertigung größere Mengen unerkannter Schlechtteile enthalten können.

Bisher wurden die allgemeinen Effekte des 3D-Drucks auf die kontinuierliche Fließfertigung beleuchtet. Im Folgenden sind verschiedene technologische Spezifika des Fertigungsverfahrens aufzugreifen, um weitere Zusammenhänge zum Fluss-Prinzip darzustellen. Die Entwicklung der 3D-Drucker weist den Trend zu einem steigenden Grad der **Automatisierung** auf.[81] So sind einige 3D-Drucker bereits in der Lage, Bauteile nach der Fertigstellung automatisch aus dem Bauraum zu entfernen und anschließend nahtlos den Bauprozess neuer Bauteile zu beginnen.[82] Dies kommt dem Ideal eines Wertstroms, in den das Rohmaterial „hineinfließt" und daraus ohne Unterbrechung der Bearbeitung unmittelbar das Endprodukt hergestellt wird, bereits sehr nah. Ein Beispiel ist der Voxeljet VXC800, bei dem die Prozessschritte Bauen und Entladen parallel ablaufen, ohne den Betrieb der Anlage zu unterbrechen.[83] Der Druckprozess findet nicht auf einer statischen Bauplattform statt, sondern kontinuierlich über ein Förderband. Baubehälter und separate Entpackstation entfallen. Nicht verbrauchtes Partikelmaterial wird direkt aus dem Entpackbereich in die Bauzone zurücktransportiert. Dies führt zu geringeren Füllmengen und niedrigeren Rüstkosten. Insofern wird sowohl das Fluss-Prinzip als auch die Vermeidung von Verschwendung (Entpacken) durch den Ansatz des „Endlos-Drucks" unterstützt. Ein solcher kontinuierlicher Druckprozess ist jedoch bisher nur für wenige Druckverfahren verfügbar.[84]

Zur differenzierten Betrachtung des Fluss-Prinzips ist im Folgenden eine **Fallunterscheidung bzgl. nachfolgender Produktionsschritte** nach dem eigentlichen Bau vorzunehmen. Dies können zum einen Montageaktivitäten oder andere Veredelungsschritte sein. Zum anderen kann es sich um Nachbearbeitungsaktivitäten nach dem eigentlichen Druck handeln, z. B. Entfernen von Stützmaterial, Reinigen, Lackieren, Polieren, Schleifen oder eine chemischen Behandlung des Bauteils (vgl. Abschn. 3.1.3). Im ersten Fall handelt sich beim Werkstück um das fertige Endprodukt, sodass keine weiteren Produktionsschritte nach dem Druck erforderlich sind. Im zweiten Fall erfordern die Bauteile weitere Produktionsschritte und werden einzeln im Bauraum gedruckt. Im dritten Fall werden

[81]Vgl. Thompson/Stolfi/Mischkot (2016), S. 27.
[82]Vgl. Wohlers/Caffrey (2015), S. 190.
[83]Vgl. Voxeljet (2016).
[84]Vgl. Boos/Fa. URBANMAKER (2016).

mehrere Bauteile, die weiterer Produktionsschritte bedürfen, simultan im selben Bauraum gedruckt.

Falls **keine weiteren Produktionsschritte** nach dem Druck erforderlich sind (Fall 1), so treten aufgrund der Komplettfertigung des Produkts „in einem Zug" auf einem Drucker keine Unterbrechungen und Wartezeiten auf. Somit ist durch die Funktionsintegration die Möglichkeit zur Just-in-time-Produktion (JIT) gegeben.[85] Es besteht keine Notwendigkeit, dass unterschiedliche Teile zur richtigen Zeit an der richtigen Stelle des Wertstroms eingetroffen sein müssen. Nur der Druckrohstoff muss zur Verfügung stehen, der relativ geringe Lagerkosten verursacht.[86] Handelt es sich um den Druck eines Endprodukts (und nicht um eine Komponente, die in ein Endprodukt eingeht), so ist eine unterbrechungsfreie Produktion bis zur Fertigstellung des Endproduktes im Sinne von Lean gegeben.

Falls die einzeln gedruckten Bauteile **weitere Produktionsschritte** wie Nachbearbeitung zwecks Qualitätskonformität oder Montage mit anderen Teilen zu einem Endprodukt erfordern (Fall 2), so ist ein Fluss nicht unbedingt gegeben. Bei nicht abgestimmten Taktzeiten kann nach der Entfernung des Werkstücks aus dem Drucker Verschwendung durch Wartezeiten und Zwischenbestände vor nachfolgenden Bearbeitungsstationen auftreten, wenn diese aufgrund der Bearbeitung vorangegangener Teile belegt sind. Ebenso können weitere Unterbrechungen des Flusses durch Transporte zwischen den Bearbeitungsstationen entstehen.

Beim **simultanen Druck mehrerer Bauteile,** die **weitere Produktionsschritte** erfordern (Fall 3), besteht das Risiko von Verschwendung aufgrund von Wartezeiten und Beständen (analog zur diskontinuierlichen Losfertigung). Gründe für die Unterbrechung des Flusses können Engpässe vor der nächsten Bearbeitungsstation aufgrund nicht abgestimmter Taktzeiten bzw. Kapazitäten oder ggf. unterschiedliche Nachbearbeitungsanforderungen je Bauteil sein. Zudem treten Unterbrechungen des Wertstroms auf, wenn nicht alle Bauteile einer Charge gleichzeitig, sondern sukzessive aus dem Bauraum entnommen werden.

In allen drei Fällen entstehen Unterbrechungen des Flusses: Das Bauteil bzw. die Bauteile müssen aus dem Bauraum entnommen werden, der Druckrohstoff ggf. nachgefüllt oder ausgetauscht oder ein neuer Druckauftrag an den Drucker übertragen werden.[87] Der dafür benötigte Zeitbedarf ist mit einigen Minuten rela-

---

[85]Vgl. Tuck/Hague/Burns (2007), o. S.

[86]Vgl. Boos/Fa. URBANMAKER (2016); ebenso Tuck/Hague/Burns (2007), o. S.

[87]Vgl. Boos/Fa. URBANMAKER (2016).

tiv gering, sodass die Unterbrechungen des Flusses relativ kurz bzw. verschwendungsarm sind.[88]

Zusammenfassend ist festzuhalten, dass der 3D-Druck das Lean-Prinzip einer kontinuierlichen Fließfertigung unterstützt. Der Grad der Unterstützung differiert allerdings in Abhängigkeit des Automatisierungsgrads und der Notwendigkeit weiterer Produktionsschritte nach dem Bauprozess.

4.5 Nivellierung bzw. Streben nach Glättung des Produktionsvolumens

Ziel der Nivellierung bzw. der Glättung des Produktionsvolumens ist eine gleichmäßige Auslastung, um Verschwendung durch Überlastung von Mensch, Maschine und Material (jap. Muri) und Ungleichmäßigkeit in Nachfrage und Produktion (jap. Mura) zu verringern (vgl. Abschn. 3.3.2). Die Fertigungsprozesse sind von den Schwankungen der Kundennachfrage (Menge, Variantenmix) entkoppelt, indem die Freigabe der Produktionsaufträge in kleinen, einheitlich dimensionierten Mengen in regelmäßigen Zeitabständen erfolgt.

Ein 3D-Drucker kann unterschiedliche Bauteile ohne Restriktionen durch Werkzeuge und Vorrichtungen flexibel herstellen.[89] Dadurch kann zwischen vordefinierten Produktvarianten oder kundenspezifischen Produkten **ohne Werkzeug- oder Formwechsel** einfach gewechselt werden (vgl. Abschn. 3.1.4). Die Rüstkosten werden stark reduziert oder entfallen. Nicht repräsentative Schätzungen geben eine Umrüstzeit von ca. sechs Minuten an, die jedoch verfahrens- und rohstoffabhängig variiert.[90] Dadurch werden kleine Losgrößen und damit auch die Nivellierung wirtschaftlich. Jedoch sind die Druckgeschwindigkeit bzw. die Ausbringungsmenge je Zeiteinheit mit der Absatzgeschwindigkeit (Kundentakt) zu synchronisieren, um Verschwendung durch Zwischenlager etc. zu vermeiden. Dafür können beim 3D-Druck mehrere gleiche oder unterschiedliche Bauteile parallel im selben Bauraum hergestellt werden.[91] Bei ausreichender Druckgeschwindigkeit bzw. ausreichender Anzahl an 3D-Druckern kann die Flexibilität erhöht und die Lieferzeiten verkürzt werden. Das Vorhalten von Überkapazitäten

---

[88]Vgl. ebenda.
[89]Vgl. Kalva (2015), S. 185.
[90]Vgl. Boos/Fa. URBANMAKER (2016).
[91]Vgl. Boos/Fa. URBANMAKER (2016); ebenso Hargreaves (2011), S. 39, Interviewantwort von Bennett, G.

an Maschinen, Mitarbeitern sowie und Lagerbeständen und -flächen zur Reaktion auf Nachfragespitzen entfällt bei geglätteter bzw. stabiler Kapazitätsauslastung. Dadurch verringert sich Verschwendung in Form von Lager- und Verschrottungskosten.

Aktuell stellt die in Relation zu nicht-additiven Fertigungsverfahren wie z. B. Spritzguss langsame **Geschwindigkeit des 3D-Drucks** eine Barriere für eine breitere Anwendung in der Serienfertigung dar (vgl. Abschn. 3.1.5), sodass die Auswirkungen auf die Nivellierung im Folgenden zu erörtern sind. Die Schwankungen der Kundennachfrage lassen sich entweder a) bei direktem Versand der Produkte durch den zeitlichen Puffer der Produktionsaufträge in der Warteschlange vor dem Schrittmacher-Prozess[92] oder b) bei einem Endproduktbestand mittels eines Supermarkt-Lagers glätten.[93] Bei **a) Glättung in der Warteschlange** führt die gleichmäßige Freigabe einheitlicher Produktionsmengen bei schwankender Kundennachfrage zu einer unterschiedlich langen Warteschlange der Produktionsaufträge. Ist die Kundennachfrage niedriger als der Durchschnittsbedarf, so produziert der Schrittmacher schneller und verkürzt die Warteschlange. Bei höherer Kundennachfrage stauen sich die Aufträge wieder, sodass die Warteschlange entsprechend länger wird. Auf diese Weise wird zwar die Auslastung der Produktion auf dem Durchschnittsbedarf konstant gehalten. Allerdings resultieren daraus schwankende Durchlaufzeiten der Aufträge. Bei **b) dem Versenden aus dem Endproduktbestand** eines Supermarkt-Lagers puffert der Bestand die Bedarfsschwankungen ab. Entsprechend der Kanban-Logik (vgl. Pull-System in Abschn. 3.3.2) erzeugt die Auslieferung neue Produktionsaufträge.

Die Größe der **Freigabeeinheit (Pitch),** d. h. der einheitlichen kleinen Menge, die in regelmäßigen Abständen am Schrittmacher-Prozess freigegeben wird,

---

[92]Der Schrittmacher-Prozess ist der Produktionsprozess, der für alle Prozesse des Wertstroms den Takt und damit den Produktionsrhythmus vorgibt. Er repräsentiert den Kundenbedarf für die Produktion. Entsprechend greift die Produktionssteuerung nur an diese Stelle in den Wertstrom ein, da alle anderen Prozesse dieses Wertstroms davon abhängig geregelt werden. Vgl. Erlach (2010), S. 222.

[93]Vgl. hierzu und im Folgenden in enger Anlehnung an Erlach (2010), S. 235 ff. Ein Supermarkt-Lager entkoppelt bspw. in einem Kanban-Kreislauf Liefer- und Kundenprozess, indem es alle vom Lieferprozess hergestellten Varianten vorrätig hält, um eine hohe Versorgungssicherheit des Kundenprozesses sicherzustellen. Vgl. Erlach (2010), S. 192 f. Dabei sind sowohl die minimale als auch die maximale Bestandsmenge je Variante sind definiert. Die Entnahme erfolgt nach dem FIFO-Prinzip (first in, first out).

determiniert die Flexibilität des Wertstroms, den Aufwand und die Effektivität der Planung sowie die Transparenz der Prozesse.[94] Die maximale Größe der Freigabeeinheit ist durch die Bauraumgröße des Druckers technisch begrenzt. Dies wirkt den Nachteilen zu großer Freigabemengen (Materialbestände, hohe Durchlaufzeiten und unflexibles Reagieren auf veränderte Kundenbedarfe) entgegen. Die Losgröße 1 wird beim 3D-Druck durch den Entfall bzw. die Reduktion der Rüstkosten wirtschaftlich (vgl. Abschn. 3.1.4). Allerdings sollte die Freigabeeinheit nicht zu klein festgelegt werden, um die Komplexität der Planungs- und Steuerungsaufgaben zu begrenzen.

Bisher wurde der 3D-Druck mit der Eigenfertigung auf Basis eines nicht-additiven Fertigungsverfahrens verglichen. Allerdings besteht nicht nur die Option der Eigenfertigung mittels eines Druckers in der eigenen Fabrik („Make"), sondern ebenso die Option der alternativen Nutzung von 3D-Druckdienstleistern als Lieferanten („Buy", externe Beschaffung). Tab. 3.5 in Abschn. 3.1.6 hat die verschiedenen Optionen anhand der Kriterien Fertigungsverfahren (3D-Druck versus nicht-additiv) und Bezugsquelle (intern versus extern) systematisiert. Die vier dargestellten Fertigungsstrategien sind nicht als einander ausschließend zu verstehen. Ggf. kann sich eine kombinierte Strategie insbesondere im Hinblick auf die Nivellierung unter Kosten- und Risikokriterien als optimal erweisen. Im Falle der Eigenfertigung mittels 3D-Druck muss ein nicht-additives Fertigungsverfahren nicht komplett substituiert werden: Bauteile mit hohen Stückzahlen und relativ stabiler Nachfrage („Renner") können weiterhin konventionell z. B. mittels Spritzgussverfahren produziert werden. Teile mit kleinen Stückzahlen je Variante und diskontinuierlicher Nachfrage („Exoten") oder kundenindividuelle Produkte hingegen werden mittels 3D-Druck gefertigt. Auf diesem Wege lassen sich Nivellierungsmuster optimieren.

Alternativ kann sich eine „Make-und-Buy"-Strategie als günstig erweisen, d. h. die gleichen Objekte werden sowohl intern in Eigenfertigung hergestellt als auch extern von 3D-Druckdienstleistern beschafft. Dabei sind eigene Kapazitäten nicht für alle denkbaren Produktvarianten und Nachfragespitzen vorzuhalten, da die Kapazität des Lieferanten bei Bedarf in Anspruch genommen wird. Dies ermöglicht es Unternehmen, schnell und flexibel auf unerwartete Nachfrageschwankungen und kundenindividuelle Anforderungen zu reagieren, ohne die entsprechenden Fixkosten bzw. das Auslastungsrisiko tragen zu müssen.

---

[94]Vgl. Erlach (2010), S. 231.

Zusammenfassend ist festzuhalten, dass der 3D-Druck das Lean-Prinzip der Nivellierung unterstützt. Allerdings kann die relativ langsame Geschwindigkeit des Bauprozesses eine Barriere darstellen.

4.6   Steuerung mittels Pull-System

In der Integration des Kunden in die Designphase ist eine erste Verbindung zum Pull-Prinzip zu sehen (vgl. Abschn. 3.3.2). Durch die **kundenindividuelle Fertigung** ist ein Produkt folglich erst dann zu fertigen, wenn ein Bedarf in Form des Kundenauftrags bzw. eines Designs vorliegt. Dieser Aspekt unterstützt ein durchgehendes Pull-Systems im Wertstrom, das den Kunden integriert. Viele 3D-Druck-Dienstleister fertigen ausschließlich auf Bestellung.[95]

Unterschiedliche Bauteile können ohne Werkzeugwechsel auf derselben Maschine gefertigt werden, sodass flexibel auf eine veränderte Kundennachfrage reagiert werden kann. Die Produktionsrate kann schnell angepasst werden. Objekte können somit auf Bestellung direkt („on demand") gefertigt werden.[96] Das Prinzip des Pull-Prinzips wird somit unterstützt.

Entfallen Fertigungsstufen aufgrund der Funktionsintegration beim 3D-Druck, so entfällt ggf. ebenso die Notwendigkeit zum „Ziehen" der Bauteile zwischen den Stufen. Damit wird auch das Pull-System redundant. Verschwendung wird reduziert, da (Supermarkt-)Bestände immer mit einem bestimmten Bestand und somit mit einem gewissen Maß an Verschwendung einhergehen.

4.7   Streben nach Perfektion durch Standardisierung

Das Streben nach Perfektion wird durch die Möglichkeiten zur Steigerung des Kundennutzens (Einbindung beim Design und wirtschaftliche Fertigung kleiner Losgrößen) begünstigt. Insofern wird das Lean-Prinzip „Streben nach Perfektion" (vgl. Abschn. 3.3.2) unterstützt. Bestandteil des Strebens nach Perfektion ist zudem die Aufstellung von Standards zum Absichern des Erreichten. Im Zusammenhang mit dem 3D-Druck werden technische **Standards** und Normen

---

[95]Vgl. Boos/Fa. URBANMAKER (2016).
[96]Vgl. Wohlers/Caffrey (2015), S. 186.

von Organisationen wie z. B. ISO und ASTM geschaffen.[97] Diese befinden sich jedoch vielfach erst in der Entwicklungsphase.[98] Die Vielzahl an unterschiedlichen Materialien, Druckern und Druckverfahren, stellt eine Hürde für die Entwicklung eines einheitlichen Standards dar.[99] Die Definition von Standards ist insbesondere wichtig, um eine gleichbleibende Qualität der Bauteile, auch bei wiederholtem Bau auf unterschiedlichen Druckern gewährleisten zu können. Standards sind daher in den Bereichen Material, Prozess, Kalibrierung der Drucker, Überprüfung sowie Datenformate nötig.[100] Aufgrund der Diversität der Technologie, den vielfältigen Anwendungsbereichen und der begrenzten Erfahrung mit dem 3D-Druck wird angenommen, dass sich Standards im Rahmen des 3D-Drucks als sinnvoll für die Effizienzsteigerung und Fehlervermeidung erweisen. Der 3D-Druck ist mit dem Prinzip des Strebens nach Perfektion vereinbar und unterstützt dessen Anwendung durch die beschriebene Entwicklung von Standards.

Im Rahmen des Bauprozesses des 3D-Druckers besteht die Möglichkeit, Bilder des Druckvorgangs aufzunehmen und zu speichern. Hierzu wurde ein System entwickelt, um Fehler bzw. deren Ursachen nach einem Druckvorgang zu analysieren.[101] Eine Folgemaßnahme zur Fehlerprävention kann z. B. die Standardisierung der Anforderungen an eine CAD-Datei oder der Parametereinstellungen des Druckers sein. Eine solche Software ist ein Ansatz zur kontinuierlichen Verbesserung und unterstützt das Prinzip des Strebens nach Perfektion durch Standards.

4.8 Visuelle Kontrolle

Visuelle Kontrollen schaffen in schlanken Produktionssystemen Transparenz, um Verschwendung zu identifizieren sowie Abweichungen von Standards, Defekte sowie andere Probleme schnell und einfach zu erfassen (vgl. Abschn. 3.3.2). Da es sich beim 3D-Drucker um eine einzige Maschine handelt, erfordert die visuelle Kontrolle des Bauprozesses weniger Aufwand als die Kontrolle eines mehrstufigen Fertigungsprozesses mit mehreren Bearbeitungsstationen. Beim gleichzeiti-

---

[97]Vgl. Campbell/Bourell/Gibson (2012), S. 255.
[98]Vgl. Wohlers/Caffrey (2015), S. 191.
[99]Vgl. Gao et al. (2015), S. 68.
[100]Vgl. ebenda, S. 68.
[101]Vgl. Wohlers/Caffrey (2015), S. 207.

gen Einsatz mehrerer 3D-Druckern sind visuelle Kontrollen parallel durch einen Mitarbeiter durchführbar, da in den Bauprozess nach dem Start in der Regel nicht mehr eingegriffen werden muss. Aufgrund der Druckzeiten von bis zu mehreren Stunden[102] kann ein Mitarbeiter direkte visuelle Kontrollen der einzelnen Drucker in einem definierten Rhythmus durchführen. Bei den meisten Druckern ist der Bauraum einsehbar, sodass der Bauprozess visuell überwacht werden kann. Zudem sind Systeme zur optischen Überwachung des Bauprozesses verfügbar.[103] Insofern unterstützt der 3D-Druck das Prinzip der visuellen Kontrolle.

4.9   Ermöglichen von Stopps

Der Begriff Jidoka bzw. die „intelligente" Automation bezeichnet nicht nur ein Prinzip der Lean Production (vgl. Abschn. 3.3.2), sondern umfasst auch ein Set von Methoden, welche die Maschine bei einer Abweichung von einer Zielgröße bzw. einer Störung automatisch anhalten, um die Weitergabe nicht qualitätskonformer Teile zu verhindern und die Problembehebung zu ermöglichen.

Beim 3D-Druck können Qualitätsmängel in der Regel erst nach Beendigung des Bauprozesses identifiziert werden. Sollte ein Mangel während des Drucks auftreten, so wird dieser vielfach nicht erkannt und der Prozess kann somit nicht gestoppt werden.[104] Wohlers und Caffrey zeigen jedoch erste Beispiele von Druckern für Metalle, die auftretende Fehler während des Bauprozesses erkennen.[105] Beispielsweise fotografiert ein System jede Schicht nach dem jeweiligen Druck und analysiert diese hinsichtlich der technisch-qualitativen Vorgaben. Bei Bereichen des Werkstücks, an denen zu wenig Pulver eingesetzt wurde, wird der Materialeinsatz der folgenden Schicht entsprechend kompensiert. Zudem können diese Systeme bei erkannten Abweichungen den Bauprozess für das betroffene Objekt unterbrechen, während andere Objekte im Bauraum weitergedruckt werden. Da solche Systeme aktuell die Ausnahme darstellen, ist anzunehmen, dass Qualitätsmängel im Regelfall nicht während des Bauprozesses, sondern erst nach Entnahme des Objekts bei der Qualitätskontrolle identifiziert werden. Insofern wird das Ermöglichen von Stopps nur bedingt unterstützt.

---

[102]Vgl. Boos/Fa. URBANMAKER (2016).

[103]Vgl. Wohlers/Caffrey (2015), S. 207.

[104]Vgl. o.V. (2013), S. 38 f., Interviewantwort von Mishra, S.

[105]Vgl. Wohlers/Caffrey (2015), S. 205 ff.

4.10   Einsatz stabiler, flexibler, zuverlässiger Technologie

Die Entscheidung über die Implementierung einer neuen Technologie bzw. eines neuen Fertigungsverfahrens wie dem 3D-Druck birgt verschiedene Risiken und ist entsprechend a priori zu bewerten.[106] Dafür wird ein sukzessives Vorgehen empfohlen (vgl. Abb. 3.6 in Abschn. 3.3.2). Zunächst ist zu untersuchen, ob die neue Technologie den **Wert** steigert. Danach ist zu validieren, ob die neue Technologie im Einklang mit den Lean-Prinzipien steht. Insbesondere sind die Kriterien Stabilität, Zuverlässigkeit und Flexibilität zu evaluieren. Die **Stabilität** beschreibt die exakte Reproduzierbarkeit der Werkstücke z. B. im Hinblick auf die Maßhaltigkeit der Dimensionen. Die exakte Reproduktion der Objekte bei großer Stückzahl ist eine der Schwächen des 3D-Drucks (insbesondere im Hinblick auf eine breite Anwendung in der Serienfertigung).[107] Damit wird das Kriterium der Stabilität nicht pauschal erfüllt. Vielmehr differiert die Stabilität stark in Abhängigkeit des Druckverfahrens, des Druckrohstoffs und der Geometrie eines Bauteils, sodass eine bauteilspezifische Validierung erforderlich ist. Stabilität im Sinne von zeitlicher Beständigkeit des Fertigungsverfahrens ist beim 3D-Druck gegeben, da 3D-Druckmaschinen bei relativ geringem Wartungsaufwand über Jahre genutzt werden können.[108]

Das Kriterium der **Flexibilität** fordert die vielseitige Einsetzbarkeit einer neuen Technologie, z. B. indem sie unterschiedliche Materialien verarbeiten bzw. Bauteile für verschiedene Produkte herstellen kann. Ein hoher Flexibilitätsgrad einer Technologie ist u. a. dadurch gekennzeichnet, dass wenig Rüstaufwand für die Herstellung unterschiedlicher Produktvarianten notwendig ist.[109] Dies ist beim 3D-Druck gegeben (vgl. Abschn. 3.1.4). Es können nicht nur Varianten eines Bauteils bzw. Produkts, sondern komplett unterschiedliche Bauteile bzw. Produkte auf einer Maschine hergestellt werden. Zudem ist die Flexibilität darin begründet, dass 3D-Drucker teilweise unterschiedliche Druckrohstoffe verarbeiten können. Einschränkend ist anzumerken, dass es den einen Drucker als „eierlegende Wollmilchsau" für alle Druckrohstoffe nicht gibt: Ein Drucker, der Kunststoff schmilzt und in dünnen Schichten aufträgt, kann keine Metalle verar-

---

[106]Vgl. Liker (2004), S. 163.

[107]Vgl. Feldmann/Pumpe (2015), S. 11.

[108]Vgl. Boos/Fa. URBANMAKER (2016). Belastbare empirische Erhebungen liegen den Verfassern nicht vor. Jedoch ist zu vermuten, dass sich die Lebensdauer von 3D-Druckern stark in Abhängigkeit des eingesetzten Druckverfahrens bzw. der Druckrohstoffe unterscheidet.

[109]Vgl. Liker (2004), S. 166.

beiten.[110] Schmelzpunkt und Abkühleigenschaften sind nur zwei Eigenschaften, die sich je nach Material unterscheiden. Zudem zeichnet sich der 3D-Druck im Hinblick auf das Kriterium der Flexibilität durch verkürzte Durchlaufzeiten sowie Individualisierungsmöglichkeiten aus.[111] Insofern erfüllt der 3D-Druck das Kriterium der Flexibilität in besonderem Maße.

Die **Zuverlässigkeit** zielt auf das störungsfreie Funktionieren einer Maschine ab, sodass Werkstücke im Zeitablauf exakt gemäß der spezifizierten Beschaffenheit hergestellt werden. Durch Experimentieren mit verschiedenen Parametereinstellungen und Sammeln von Erfahrungswerten lässt sich nach Aussagen von Praktikern eine hinreichende Zuverlässigkeit erzielen.[112] Eine pauschale Bewertung des Aspekts der Zuverlässigkeit ist nicht möglich. Diese wäre verfahrensspezifisch und je nach Druckerhersteller zu beurteilen.

Eine neue Technologie soll sich zudem durch einen hohen Grad an Visualisierung und intuitiver Bedienung durch die Mitarbeiter in der Fertigung auszeichnen. Dabei soll die Technologie der Wertschöpfung vor Ort in der Fertigung dienen und keine nicht-wertschöpfenden Aktivitäten wie z. B. Dateneingabe durch administrative Mitarbeiter erfordern. 3D-Druckmaschinen erfordern im Vergleich zu CNC-Maschinen weniger Zeit für die Prozessplanung und das Einrichten, insbesondere für Objekte mit komplexer Geometrie. Die Programmierung einer CNC-Maschine ist aufwendig im Hinblick auf Werkzeugauswahl, Anfahrposition und -winkel, Geschwindigkeit etc. Im Vergleich dazu sind die Parameter eines 3D-Druckers im Hinblick auf Komplexität und Auswirkungen der Parametrisierung überschaubar. Zudem erfordern CNC-Maschinen in der Regel maschinen- bzw. steuerungsspezifische Datensätze.

Zusammenfassend ist festzuhalten, dass das Kriterium „Einsatz stabiler, flexibler, zuverlässiger Technologie" aufgrund von Abstrichen hinsichtlich der Stabilität und der Zuverlässigkeit des Fertigungsverfahrens nicht vollumfänglich erfüllt wird. Hervorzuheben ist jedoch die hohe Flexibilität des 3D-Drucks.

4.11 Zusammenfassung

Tab. 4.2 fasst die Erkenntnisse zur Vereinbarkeit des 3D-Drucks mit den Prinzipien der Lean Production zusammen.

---

[110]Vgl. Feldmann/Pumpe (2016), S. 12.
[111]Vgl. Bogers/Hadar/Bilberg (2016), S. 225; Weller/Kleer/Piller (2015), S. 53.
[112]Vgl. z. B. Boos/Fa. URBANMAKER (2016).

Tab. 4.2 Zusammenfassung der Ergebnisse zu Lean-Prinzipien

Prinzip	Unterstützung des Prinzips	Behinderung des Prinzips
Steigerung des Kundennutzens bzw. des Werts für den Kunden	• Hohe Freiheitsgrade beim Design; geringe Grenzkosten in der Fertigung im Hinblick auf Komplexitätsgrad der Geometrie • Einbindung des Kunden beim Design • Gewichtsreduktion • Hohe Materialvielfalt; FGM • Kundenindividuelle, wirtschaftliche Fertigung der Losgröße 1	Keine Barrieren identifiziert
Minimierung der Verschwendung • Entwicklung • Produktion • Ersatzteilgeschäft	• Weniger Entwicklungsaufwand durch schnelle Prototypenverfügbarkeit; kürzere time-to-market • Förderung der Mitarbeiterkreativität • Funktionsintegration: Weniger Wartezeiten, Montage- und Transportaufwand; geringerer Bedarf an Maschinen, Werkzeugen, Formen etc. • Verringerte Wartungs- und Reparaturkosten • Reduzierte Rüstkosten und -zeiten • Geringerer Materialeinsatz je Stück und Wiederverwendung nicht verbrauchter Rohstoffe • Weniger Transport- und Lagerkosten (unternehmensintern und -extern)	• Identifikation der optimalen Parameterkombination für die Bauphase • Aufheiz- oder Begasungszeit in der Vorbereitungsphase • Ggf. (manuelle) Nacharbeit • Relativ langsame Baugeschwindigkeit • Rohstoffkosten je Mengen-/Volumeneinheit
Erzeugen eines kontinuierlichen Flusses	• Funktionsintegration: Technologisch geprägte Prozessintegration mit Tendenz zu einstufiger Fertigung • Höhere Flexibilität durch one-piece-flow (wirtschaftliche Losgröße 1)	• Relativ langsame Baugeschwindigkeit • Ggf. (manuelle) Nacharbeit

(Fortsetzung)

Tab. 4.2 (Fortsetzung)

Prinzip	Unterstützung des Prinzips	Behinderung des Prinzips
Nivellierung bzw. Streben nach Glättung des Produktionsvolumens	• Höhere Flexibilität durch geringere Rüstkosten • Wirtschaftliche Losgröße 1	Relativ langsame Baugeschwindigkeit als Restriktion für Nivellierungsmuster
Steuerung mittels Pull-System	Einbindung des Kunden in die Designphase: Kundenindividuelle Fertigung „on demand"	Relativ langsame Baugeschwindigkeit determiniert die Auslegung des Supermarktbestands
Streben nach Perfektion durch Standardisierung	• Einbindung des Kunden beim Design • Wirtschaftliche Fertigung kleiner Losgrößen	• Vielzahl an unterschiedlichen Materialien, Druckern und Druckverfahren • Ausprägung technischer Standards bzw. Normen hält mit der Entwicklungsgeschwindigkeit der Verfahren kaum Schritt
Visuelle Kontrolle	• Weniger Aufwand als die Kontrolle eines mehrstufigen Fertigungsprozesses • Einsehbarkeit des Bauraums	Keine Barrieren identifiziert
Ermöglichen von Stopps	Erste Vorrichtungen für Jidoka vorhanden, jedoch nur für wenige Druckverfahren	Qualitätsmängel vielfach erst nach Beendigung des Bauprozesses identifiziert
Einsatz stabiler, flexibler und zuverlässiger Technologie	Flexibilität im Hinblick auf Rohstoffe und Bauteile	Exakte Reproduktion der Objekte bei großer Stückzahl nur bedingt gegeben

Insgesamt ist zu erkennen, dass der Einsatz des 3D-Drucks eine Vielzahl der Lean-Prinzipien unterstützt. Hervorzuheben ist dabei die Minimierung der Verschwendung im Vergleich zu nicht-additiven Fertigungsverfahren. Allerdings sind ebenso kompensierende Wirkungen festzustellen. Beispielsweise können Qualitätsmängel während des Bauprozesses nur eingeschränkt identifiziert werden und eine ggf. erforderliche Nacharbeit aufgrund von Qualitätsmängeln unterbricht den Fluss.

Die Forschungsfrage, inwieweit der 3D-Druck die Prinzipien und Methoden der Lean Production unterstützt bzw. inwieweit 3D-Druck als Element eines schlanken Produktionssystems einzusetzen ist, ist auf Basis der bisherigen Erkenntnisse nicht vollumfänglich zu beantworten. Daher sind im Folgenden ausgewählte Methoden der Lean Production auf ihre Anwendbarkeit bei additiven Fertigungsverfahren zu untersuchen.

Literatur

Achillas, C., et al. (2015). A methodological framework for the inclusion of modern additive manufacturing into the production portfolio of a focused factory. *Journal of Manufacturing Systems, 37,* 328–339.

Adam, D. (1996). *Planung und Entscheidung. Modelle – Ziele – Methoden.* Wiesbaden: Springer.

Bland, S., & Conner, B. (2015). Mapping out the additive manufacturing landscape. *Metal Powder Report, 70*(3), 115–119.

Bogers, M., Hadar, R., & Bilberg, A. (2016). Additive manufacturing for consumer-centric business models: Implications for supply chains in consumer goods manufacturing. *Technological Forecasting and Social Change, 102,* 225–239.

Boos, J und Fa. URBANMAKER. (2016). Experteninterview mit einem 3D-Druckdienstleister, Interview bei Fa. Urbanmaker am 7. Juni 2016 in Münster.

Campell, I., Bourell, D., & Gibson, I. (2012). Additive manufacturing: Rapid prototyping comes of age. *Rapid Prototyping Journal, 18*(4), 255–258.

Chen, D., et al. (2015). Direct digital manufacturing: Definition, evolution, and sustainability implications. *Journal of Cleaner Production, 107,* 615–625.

D'Aveni, R. (2015). The 3-D printing revolution. *Harvard Business Review, 93*(5), 40–48.

Erlach, K. (2010). *Wertstromdesign: Der Weg zur schlanken Fabrik* (2. Aufl.). Wiesbaden: Springer.

Erlach, K. (2013). *Value stream design.* Berlin: Springer Science & Business Media.

Fastermann, P. (2016). *3D-Drucken: Wie die generative Fertigungstechnik funktioniert* (2. Aufl.). Wiesbaden: Springer.

Feldmann, C. (2014). Lean Management. Münster (Vorlesungsskript im Master-Studiengang Logistik der FH Münster).

Feldmann, C. (15. Dezember 2015). 3D-Druck: Wo bleibt die Revolution? *Frankfurter Allgemeine Zeitung,* Verlagsspezial IT Trends 2016, S. V2.

Gao, W., et al. (2015). The status, challenges, and future of additive manufacturing in engineering. *Computer-Aided Design, 69, 65*–89.

Gebhardt, A. (2016). *Additive Fertigungsverfahren: Additive Manufacturing und 3D-Drucken für Prototyping – Tooling – Produktion* (5. Aufl.). München: Hanser.

Gebhardt, A., & Kessler, J. (2016). *3D-Drucken: Grundlagen und Anwendungen des Additive Manufacturing (AM).* München: Hanser.

General Electric Company. (2016). Advanced manufacturing is reinventing the way we work. http://www.ge.com/stories/advanced-manufacturing. Zugegriffen: 14. Juli 2016.

Gibson, I., Rosen, D., & Stucker, B. (2015). Additive manufacturing technologies: 3D printing, rapid prototyping, and direct digital manufacturing (2. Aufl.). New York: Springer.

Hargreaves, B. (2011). Green, clean and lean. *Professional Engineering Magazine, 24*(7), 38–39.

Holmström, J., et al. (2010). Rapid manufacturing in the spare parts supply chain. *Journal of Manufacturing Technology Management, 21*(6), 687–697.

Ivanova, O., Williams, C., & Campbell, T. (2013). Additive manufacturing (AM) and nanotechnology: Promises and challenges. *Rapid Prototyping Journal, 19*(5), 353–364.

Jia, F., et al. (2016). Investigating the feasibility of supply chain-centric business models in 3D chocolate printing: A simulation study. *Technological Forecasting and Social Change, 102,* 202–213.

Kajtaz, M. et al. (2015). An approach for personalised product development. *Procedia Technology 20,* 191–198.

Kalva, R. S. (2015). 3D Printing – The Future of Manufacturing (The Next Industrial Revolution). *International Journal of Innovations in Engineering and Technology, 5*(1), 184–190.

Kumar, V., et al. (1998). Representation and processing of heterogeneous objects for solid freeform fabrication. *IFIP WG5.2 Geometric Modelling Workshop,* Tokio 7–12. Dezember 1998, 1–21.

Liker, J. K. (2004). *The Toyota way: 14 management principles from the world's greatest manufacturer.* New York: McGraw-Hill.

Miebach, J. (2015). Science-Fiction oder bald Wie neue Technologien die Supply Chain verändern werden. *F+H Fördern und Heben, 9,* 16–19.

Muita, K., Westerlund, M., & Rajala, R. (2015). The evolution of rapid production: How to adopt novel manufacturing technology. *IFAC Proceedings Volumes, 48*(3), 32–37.

Muller, P., Hascoet, J. Y., & Mognol, P. (2014). Toolpaths for additive manufacturing of functionally graded materials (FGM) parts. *Rapid Prototyping Journal, 20*(6), 511–522.

Naitove, M. H. (2014). How currier puts the "Custom" in custom blow molding. *Plastics Technology, 33,* 48–53.

o. V. (2013). Helping additive manufacturing "learn." *Metal Powder Report, 68*(4), 38–39.

Pan, Y., et al. (2012). Smooth surface fabrication in mask projection based stereolithography. *Journal of Manufacturing Processes, 14*(4), 460–470.

Petrovic, V., Gonzalez, J. V. H., Ferrando, O. J., Gordillo, J. D., Puchades, J., & Grinan, L. P. (2011). Additive layered manufacturing: Sectors of industrial application shown through case studies. *International Journal of Production Research, 49*(4), 1061–1079.

Quan, Z., et al. (2015). Additive manufacturing of multi-directional preforms for composites: Opportunities and challenges. *Materials Today, 18*(9), 503–512.

Roland Berger Strategy Consultants. (2013). Additive manufacturing: A game changer for the manufacturing industry? München, November 2013. https://www.rolandberger.com/media/pdf/Roland_Berger_Additive_Manufacturing_20131129.pdf. Zugegriffen: 14. Juli 2016.

Slack, N., Johnston, R., & Brandon-Jones, A. (2011). *Essentials of operations management.* Harlow: Pearson.

Sonnenberg, V. (2016). Drucken und Spanen in einem einzigen Produktionsschritt. *MaschinenMarkt Metav Journal, 50,* 30–33.

Thompson, M. K., Stolfi, A., & Mischkot, M. (2016). Process chain modeling and selection in an additive manufacturing context. *CIRP Journal of Manufacturing Science and Technology, 12,* 25–34.

Tuck, C., Hague, R., & Burns, N. (2007). Rapid manufacturing – impact on supply chain methodologies and practice. *International Journal of Services and Operations Management, 3*(1), 1–22.

Udupa, G., Rao, S. S., & Gangadharan, K. V. (2014). Functionally graded composite materials: An overview. *Procedia Materials Science, 5,* 1291–1299.

Voxeljet. (2016). VXC800: Einzigartige Drucktechnologie für mittlere Seriengrößen im Sandguss. http://www.voxeljet.de/systems/3d-druckervxc8000. Zugegriffen: 20. Nov. 2016.

Weller, C., Kleer, R., & Piller, F. T. (2015). Economic implications of 3D printing: Market structure models in light of additive manufacturing revisited. *International Journal of Production Economics, 164,* 43–56.

Wohlers, T., & Caffrey, T. (2015). *Wohlers report 2015: 3D printing and additive manufacturing state of the industry annual worldwide progress report.* Fort Collins: Wohlers Associates.

Wöhrle, T. (2015). Druck mal schnell. *Logistik Heute, 2015*(12), 28–29.

Womack, J. P., & Jones, D. T. (2013). *Lean Thinking: Ballast abwerfen, Unternehmensgewinne steigern* (3. Aufl.). Frankfurt a. M.: Springer.

Würtz, G., Lasi, H., & Morar, D. (2015). Additive Manufacturing – enabling Technology for Lifecycle Oriented Value-increase or Value-decrease. *Procedia CIRP, 33,* 394–399.

Bewertung des 3D-Drucks im Hinblick auf Lean-Methoden

5

5.1 Herleitung der Methoden

Lean-Methoden sind planmäßige, systematische Verfahren zur Umsetzung der Prinzipien der Lean Production im realen Wertstrom (vgl. Abschn. 3.2.3). Insofern sind die Methoden als Werkzeuge zur Implementierung eines schlanken Produktionssystems zu begreifen (Tab. 5.1).

Im Folgenden ist die Wirkung des Einsatzes von 3D-Druck im Hinblick auf Effektivität und Effizienz der in Abschn. 3.3.3 vorgestellten Lean-Methoden zu analysieren. Untersucht werden die Methoden 1) Schnelles Rüsten mittels SMED, 2) Pull mittels Kanban, 3) Jidoka mittels Andon, 4) Beladen und Transport mittels Chaku-Chaku, 5) Problemanalyse mittels 5W-Methode und 6) Fehlervermeidung mittels Poka Yoke. Die Auswahl der Methoden erfolgte anhand des Kriteriums der Häufigkeit der Nennung in der einschlägigen Literatur.

Tab. 5.1 Überblick über die Lean-Methoden

Nr	Prinzip	Abschnitt
1	Schnelles Rüsten mittels SMED	5.2
2	Pull mittels Kanban	5.3
3	Jidoka mittels Andon	5.4
4	Beladen und Transport mittels Chaku-Chaku	5.5
5	Problemanalyse mittels 5W-Methode	5.6
6	Fehlervermeidung mittels Poka Yoke	5.7

© Springer Fachmedien Wiesbaden GmbH 2017
C. Feldmann und A. Gorj, *3D-Druck und Lean Production*,
DOI 10.1007/978-3-658-18408-7_5

5.2   Schnelles Rüsten mittels SMED

Für eine flexible, geglättete Produktion mit einem kontinuierlichen Fluss ist die Anzahl an Umrüstungen zu erhöhen und die Rüstzeit zu minimieren (vgl. Abschn. 3.3.2). Der Begriff Single Minute Exchange of Dies (SMED, Schnell-rüsten) beschreibt die Lean-Methode, um Rüstzeiten von Maschinen im einstelligen Minutenbereich zu realisieren. Die Verfügbarkeit der Maschine wird erhöht, indem rüstbedingte Stillstandszeiten reduziert werden.

Die Rüstzeit ist beim 3D-Druck im Vergleich zu nicht additiven Fertigungs-verfahren signifikant geringer bzw. nicht existent. Da ein 3D-Drucker unter-schiedliche Objekte unabhängig von einem speziellen Werkzeug bzw. einer Form drucken kann, ist vielfach kein Rüsten beim Umschalten von einem Produkt A auf Produkt B erforderlich (vgl. Abschn. 3.1.3). Rüstvorgänge treten ggf. in begrenztem Maße auf, z. B. bei der Entnahme des Werkstücks aus dem Bauraum, der Reinigung des Bauraums, bei Aufwärmvorgängen oder dem Bestücken mit einem anderen Druckrohstoff.[1] Im Hinblick auf unterschiedliche Druckrohstoffe je Werkstück sind zwei Szenarien denkbar. Im ersten Fall werden alle Varianten des Werkstücks auf Basis desselben Rohstoffs gedruckt: Der Rüstaufwand ist gering, da beim Umrüsten der Druckrohstoff nicht getauscht werden muss. Nur das fertige Bauteil ist zu entnehmen. Beim zweiten Fall werden Bauteile auf Basis unterschiedlicher Druckrohstoffe auf einem Drucker gefertigt. Bei einem Wechsel zwischen den Bauteilen sind ggf. Düsen oder Extruder zu reinigen, um Verunreinigungen wie z. B. Farbpigmente zu entfernen. Dabei hängt die Länge der Rüstzeit vom eingesetzten Material ab.

Die SMED-Methode zur Rüstzeitreduzierung (vgl. Abschn. 3.3.3) ist beim 3D-Druck analog zu nicht-additiven Fertigungsverfahren anwendbar. Ein Bei-spiel ist das Vorhalten von zwei austauschbaren Düsen, sodass die interne Rüst-zeit (Reinigung bei stehender Maschine) in eine externe Rüstzeit (Reinigung der zweiten Düse bei laufender Maschine) umgewandelt werden kann. Druckroh-stoffe für den folgenden Druckauftrag können parallel zum laufenden Druck-auftrag (extern) bereitgestellt werden. Die Reihenfolge der Druckaufträge kann anhand des Kriteriums der Minimierung der Parameterveränderungen des Dru-ckers determiniert werden (analog zu einem Produktionsrad in der Prozessindus-trie). Allerdings ist das Potenzial im Hinblick auf die Verkürzung der Rüstzeiten im Vergleich zu nicht-additiven Fertigungsverfahren relativ gering, da es beim 3D-Druck technologiebedingt keine oder nur sehr geringe Rüstzeiten gibt.

---

[1]Vgl. Boos/Fa. URBANMAKER (2016).

3D-Druckdienstleister berichten von Rüstzeiten im einstelligen Minutenbereich.[2] Dies unterstützt die effiziente Produktion kleiner Losgrößen bei gleichzeitig höherer Kapazitätsauslastung der Maschine und einer Reduktion des Lagerbestands. Kürzere Rüstzeiten fördern das Glätten des Produktionsvolumens (Nivellierung), unterstützen ein effizientes Pull-System mittels Kanban und begünstigen das Erzeugen eines Flusses.

5.3   Pull mittels Kanban

Die Umsetzung des Pull-Prinzips mittels Kanban (Karten als Steuerungssignal) unterstützt das Erzeugen eines Flusses, trägt zur Vermeidung von Verschwendung bei und ermöglicht visuelle Kontrollen.

Ein Merkmal des 3D-Drucks ist die sog. Funktionsintegration (vgl. Abschn. 3.1.4). Dabei werden mehrere Bauteile einer Baugruppe nicht separat gefertigt und in einem zweiten Schritt montiert, sondern „in einem Zug" gedruckt. Dadurch entfallen ggf. weitere Fertigungsstufen bzw. Bearbeitungsstationen im Vergleich zu einem Szenario mit nicht-additiven Fertigungsverfahren wie z. B. Fräsen oder Bohren. In einem solchen Fall ist eine Kopplung aufeinanderfolgender Produktionsschritte zu einem selbststeuernden Kanban-Regelkreis redundant.

Sinnvoll kann die Anwendung des Pull-Prinzips hingegen bei der Materialversorgung eines Druckers sein. In diesem Fall dienen Kanbans als Steuerungssignal für den Nachschub an Druckrohstoffen.

5.4   Jidoka mittels Andon

Zur Umsetzung des Prinzips der autonomen Automation (Jidoka) ist eine automatisch arbeitende Maschine mit einem System ausgestattet, welches anomale Situationen bzw. Fehler während des Produktionsprozesses erkennt. Die Maschine stoppt selbstständig und übermittelt dem verantwortlichen Mitarbeiter ein Signal, sodass dieser die Unregelmäßigkeit beheben kann. Die unmittelbare Fehlerkontrolle verhindert, dass eine größere Menge fehlerhafter Produkte produziert wird und Fehler an nachfolgende Bearbeitungsstationen weitergereicht werden. Der Begriff **Andon** bezeichnet die **Visualisierung** von Jidoka. Optisch-akustische

---

[2]Vgl. ebenda.

Signalsysteme wie z. B. ein Ampelsystem zeigen Probleme bzw. Fehler bei der Produktion auf einer Maschine sowie Maschinenstopps an.

Der Nutzen von Jidoka bzw. Andon ergibt sich vor allem dadurch, dass ein Weiterreichen von Fehlern in einer mehrstufigen Fließfertigung an nachfolgende Bearbeitungsstationen verhindert wird. Im Falle einer Funktionsintegration durch 3D-Druck (vgl. Abschn. 5.3) entfällt dieser Grund, wenn es keine nachfolgenden Produktionsschritte gibt. Zumindest kann ein Stopp des Bauprozesses die Verschwendung von weiterem Rohstoff und Energie vermeiden. Unter Umständen kann durch ein Andon-System ebenso der Nachbearbeitungsaufwand (vgl. Abschn. 3.1.3) nach dem eigentlichen Bauprozess reduziert werden. Sinnvoll kann der Einsatz eines Andon-Systems sein, um einem Mitarbeiter die parallele Überwachung einer Vielzahl von Druckern zu ermöglichen, um so Verschwendung von Personalkapazität zu vermeiden.

Aktuell ist es nur sehr wenigen 3D-Drucker Modellen möglich, Fehler während des laufenden Druckprozesses mittels Software zu erkennen und die Produktion automatisiert zu stoppen bzw. in einem gewissen Rahmen automatisch zu korrigieren. Für andere Druckverfahren kann alternativ in Erwägung gezogen werden, den Bauraum des Druckers mit einer Überwachungskamera auszustatten, sodass der Mitarbeiter den Bauprozess vom Computer aus überwachen und beim Auftreten von Fehlern frühzeitig manuell stoppen kann.[3] So wird Verschwendung im Hinblick auf Überwachungsaufwand, Materialeinsatz, Energieverbrauch und Kapazitätsauslastung reduziert.

5.5   Beladung und Transport mittels Chaku-Chaku

Bei der Organisation der Fertigung in Form einer Chaku-Chaku-Zelle ist die Produktionslinie nicht vollautomatisiert, sondern lediglich einzelne Stationen und deren Bearbeitungsschritte. Das Beladen und der Weitertransport zur nachfolgenden Bearbeitungsstation erfolgen manuell. Dabei werden Transportstrecken zwischen den Maschinen auf ein Minimum verkürzt. Dies geschieht vielfach mittels U-förmiger Layouts, sodass ein Mitarbeiter von einem zentralen Standort aus jede Station beladen und bedienen kann. Vorteile von Chaku-Chaku sind der gesteigerte Automatisierungsgrad und verringerte Personalkosten. Es unterstützt die Lean-Prinzipien der Vermeidung von Verschwendung, visuelle Kontrollen sowie den Einsatz stabiler, flexibler und zuverlässiger Technologie.

---

[3]Vgl. Boos/Fa. URBANMAKER (2017).

Zur Analyse der Wirkungen des 3D-Drucks ist eine Fallunterscheidung vorzunehmen. Falls eine Nachbearbeitung des Werkstücks nach dem eigentlichen Bauprozess nicht notwendig ist, ist die Organisation mittels Chaku-Chaku-Zelle nicht sinnvoll, da der Bauprozess einstufig und automatisiert erfolgt. Positive Effekte ließen sich ggf. beim parallelen Einsatz mehrerer Drucker erzielen, bei denen die Wegstrecken für das Beladen mit Druckrohstoffen und für die Entnahme der Werkstücke durch ein U-förmiges Layout verkürzt würden.

Vorteile bietet die Methode für den Fall, dass das Werkstück weiterer (automatisierter) Bearbeitungsschritte bedarf. Dabei kann es sich z. B. um eine Oberflächenbehandlung oder die Entfernung von Stützmaterial handeln. Nach der Entnahme aus dem Drucker kann der Mitarbeiter das Objekt dem nächsten Prozessschritt effizient zuführen.

5.6   Problemanalyse mittels 5W-Methode

Tritt ein Fehler oder Problem auf, kann durch die 5W-Methode (5 Why) die eigentliche Grundursache eines Problems identifiziert werden. So wird fünfmal „Warum" gefragt, um den wirklich ursächlichen Auslöser bzw. die „Wurzel" des Problems beheben zu können, statt ggf. nur offensichtliche Symptome zu behandeln.

Mangelhafte Qualität eines Bauteils kann beim 3D-Druck vielfältige Ursachen haben. Dies können Fehler beim CAD-Modell, Defekte im Drucker, Handhabungsfehler oder eine falsche Parametrisierung für den Bauprozess (z. B. Temperatur, Druckgeschwindigkeit) sein. Parametereinstellungen bzw. die Kombination verschiedener Parameter beruhen vielfach auf Erfahrungswerten oder mathematischen Modelle. Beispielsweise müssen bei der Transformation von Material (z. B. bei Polymeren das Schmelzen und die Rekristallisation) die extremen Erhitzungs- und Abkühlungsraten kontrolliert beeinflusst werden, um z. B. ungewünschte Mikrostrukturen, mechanische Spannungen oder potenzielle Materialermüdung vermeiden zu können (vgl. Abschn. 3.1.5). Die Messungen im Rahmen der Qualitätskontrolle sollten nicht nur geometrische Dimensionen umfassen, sondern ebenso die Oberflächenbeschaffenheit der jeweiligen Schichten. Die dabei gesammelten Informationen sind im Rahmen der Prozesskontrolle während des Bauprozesses einzusetzen, um die Materialbeschaffenheit und den Transformationsprozess zu steuern.

Sowohl Erfahrungswerte als auch mathematische Modelle sind systematisch zu dokumentieren und auf Basis der Fehleranalyse kontinuierlich weiterzuentwickeln. Dabei kann die 5W-Methode analog zur Fehleranalyse bei nicht-additiven Fertigungsverfahren eingesetzt werden. Dies unterstützt die Prinzipien der Vermeidung von Verschwendung, Streben nach Perfektion sowie den Einsatz einer stabilen, flexiblen und zuverlässigen Technologie. Ist die Grundursache eines Problems identifiziert, so wird z. B. durch Maßnahmen des Poka Yoke das Ziel verfolgt, die Fehlerursache nachhaltig zu beseitigen und damit die Produktqualität zu steigern.

5.7   Fehlervermeidung mittels Poka Yoke

Der Begriff Poka Yoke bezeichnet Vermeidung von durch Menschen verursachten Fehlern durch die „Narrensicherheit" technischer Systeme. Dabei werden Maschinen, Werkzeuge und Prozesse so gestaltet, dass Fehler präventiv ausgeschlossen bzw. Fehlerpotenziale stark reduziert werden.

Die hohe Dynamik im Hinblick auf die Entwicklung neuer bzw. die stetige Weiterentwicklung bestehender Druckverfahren lässt vermuten, dass Qualitätsmängel vielfach aus einem kurzen zeitlichen Erfahrungshorizont und der damit einhergehenden begrenzten Breite bzw. Tiefe qualitätsrelevanten Wissens resultieren. Somit ist das Potenzial, Qualitätsmängel durch technische Vorrichtungen zu vermeiden, als hoch einzuschätzen.

Poka Yoke hat für den 3D-Druck eine große Bedeutung, da die meisten Ursachen von Qualitätsmängeln vor dem Druckbeginn zu verorten sind.[4] Zur Fehlervermeidung erinnert z. B. eine Checkliste an das Reinigen des Druckers nach einem Druckauftrag und gewährleistet die korrekte Durchführung. Mit Warnsignalen gekoppelte Temperaturfühler informieren Mitarbeiter über falsche Parametereinstellungen oder verhindern den Start des Bauprozesses. Die präventive Fehlervermeidung eliminiert Verschwendung in Form von Nachbearbeitungsaufwand bzw. der Verschrottung unbrauchbarer Objekte und nicht wertschöpfender Qualitätskontrollen.

5.8   Zusammenfassung

Grundsätzlich lassen sich die untersuchten Methoden beim 3D-Druck anwenden, um die Lean-Prinzipien umzusetzen. Jedoch trifft dies nicht auf alle Methoden vollumfänglich zu. So entfalten SMED und Kanban aufgrund der Merkmale additiver Fertigungsprozesse nur begrenzt positive Wirkungen bzw. sind ggf. redundant. Tab. 5.2 fasst die Ergebnisse zusammen.

---

[4]Vgl. Boos/Fa. URBANMAKER (2016).

Tab. 5.2 Zusammenfassung der Ergebnisse zu Lean-Methoden

Methode	Zentrale Prinzipien	Zentrale Ergebnisse
SMED	Verschwendung; Fluss; Nivellierung; Pull	Methode ist anwendbar, allerdings begrenzte Wirkung. Ggf. redundant
Kanban	Fluss; Nivellierung; Pull; visuelle Kontrolle; Verschwendung	Redundant im Falle einer vollumfänglichen Funktionsintegration. Geeignet für Materialversorgung
Andon	Stopps; Perfektion; Verschwendung	Druck fehlerhafter Werkstücke wird abgebrochen. Ermöglicht parallele Überwachung mehrerer Drucker
Chaku-Chaku	Visuelle Kontrolle; Verschwendung; stabile, flexible und zuverlässige Technologie	Geeignet für den Fall nachfolgender Produktionsschritte oder den parallelen Betrieb mehrerer Drucker durch einen Mitarbeiter
5W-Methode	Perfektion; stabile, flexible und zuverlässige Technologie; Verschwendung	Geeignet für Problemanalyse
Poka Yoke	Perfektion; Wertschöpfung; Verschwendung	Geeignet für präventive Fehlervermeidung, insbesondere vor Beginn des Bauprozesses

Literatur

Boos, J., & URBANMAKER. Fa. (2016). Experteninterview mit einem 3D-Druckdienstleister, Interview bei Fa. Urbanmaker am 7. Juni 2016 in Münster.

Boos, J., & URBANMAKER. Fa. (2017). Experteninterview mit einem 3D-Druckdienstleister, Interview am 21. Februar 2017.

Schlussbetrachtung

6

Im Folgenden ist ein Fazit zu ziehen, das Vorgehen der Analyse kritisch zu reflektieren und ein Ausblick auf zukünftige Entwicklungen zu geben. Die Motivation zu diesem Buch war die Tatsache, dass der 3D-Druck in den letzten Jahren sowohl in der Unternehmenspraxis als auch in der Wissenschaft einen rasanten Bedeutungszuwachs erfahren hat. Allerdings stellte die Beurteilung der Wirkungen des 3D-Drucks auf Produktionssysteme, die nach den Prinzipien der Lean Production organisiert sind, eine Forschungslücke dar. Somit war die Forschungsfrage zu beantworten, inwieweit 3D-Druck mit den Prinzipien und Methoden der Lean Production vereinbar ist bzw. inwieweit 3D-Druck als Element eines schlanken Produktionssystems einzusetzen ist. Dabei wurden keine spezifischen 3D-Druckverfahren analysiert, sondern der 3D-Druck als Gruppe additiver Fertigungsverfahren betrachtet.

Nach einer Erläuterung der Forschungsmethodik vermittelte Kapitel drei Basiswissen zu 3D-Druck, Produktionssystemen und Lean Production als theoretischen Bezugsrahmen. Neben der Definition zentraler Begriffe wurden Anwendungsbereiche des 3D-Drucks vorgestellt, der Druckprozess erläutert, Nutzen und Grenzen der Technologie aufgezeigt sowie Zusammenhänge mit der Fertigungsstrategie erörtert. Als Kontext wurden Produktionssysteme als dynamische Handlungssysteme zur Optimierung der Produktion beschrieben. Dabei ist Lean Production das zentrale Element, sodass die entsprechenden Prinzipien und Methoden zu beleuchten waren.

Darauf aufbauend analysierte das vierte Kapitel, ob und unter welchen Aspekten der 3D-Druck mit den Lean-Prinzipien vereinbar ist. Der Einsatz des 3D-Drucks unterstützt eine Vielzahl der Lean-Prinzipien. Hervorzuheben ist dabei die Minimierung der Verschwendung im Vergleich zu nicht-additiven Fertigungsverfahren. Allerdings wurden ebenso kompensierende Wirkungen identifiziert, z. B. sind Qualitätsmängel während des Bauprozesses nur eingeschränkt identifizierbar, Be- und Entladeaktivitäten sowie potenzielle Nacharbeiten wirken einem kontinuierlichen Fluss entgegen. Schließlich bewertete das fünfte Kapitel die Anwendung ausgewählter Lean-Methoden wie z. B. Kanban im Rahmen additiver Fertigungsverfahren. Grundsätzlich lassen sich diese Methoden beim 3D-Druck anwenden, um die Lean-Prinzipien umzusetzen. Jedoch trifft dies nicht auf alle Methoden vollumfänglich zu. So entfalten SMED und Kanban aufgrund der Merkmale additiver Fertigungsprozesse nur begrenzt positive Wirkungen.

Die **Forschungsfrage,** inwieweit 3D-Druck mit den Prinzipien und Methoden der Lean Production vereinbar ist, lässt sich auf Basis der bisherigen Erkenntnisse nicht eindeutig, sondern nur in Form einer Tendenzaussage beantworten: 3D-Druck kann ein wirkungsvolles Element für die Optimierung der Fertigung in einem schlanken Produktionssystem sein. Die Merkmale additiver Fertigungsverfahren unterstützen zentrale Prinzipien der Lean Production. Im Zusammenhang mit der Vermeidung von Verschwendung sind vor allem der geringe Rüstaufwand und die Funktionsintegration zu nennen.

Allerdings kann eine Maschine allein nicht „lean" sein: Nicht die Maschine selbst, sondern die Art des Umgangs mit dieser führt zu einem schlanken Produktionssystem im Sinne des Lean Thinking.[1] Insofern stellt die Implementierung einer 3D-Druckmaschine zwar eine umfassende Umstrukturierung der Fertigung dar (jap. Kaikaku, Reform). Jedoch erfordert die Einführung einer neuen Technologie parallele Anpassungen des Wertstroms, um ein schlankes Produktionssystem ganzheitlich zu realisieren.[2] Insofern sollte die Entscheidung über die Einführung von 3D-Druck erst nach einer detaillierten Wertstrom-Analyse[3] der aktuellen Situation der Produktion getroffen werden. Diese identifiziert in der Regel Verbesserungspotenziale im Wertstrom, z. B. hinsichtlich der Durchlaufzeit oder der Taktabstimmung.[4] Darauf aufbauend sind im Rahmen des Wertstrom-Designs, d. h. der Neugestaltung der Produktion hin zu einem effizienten und kundenorientierten Wertstrom, die Lean-Prinzipien zu berücksichtigen. Dabei sind Restriktionen des 3D-Drucks wie z. B. die im Vergleich zu nicht-additiven Fertigungsverfahren langsame Geschwindigkeit zu beachten. Anzumerken ist, dass aktuelle technologische Entwicklungen im Hinblick auf Automatisierung

---

[1]Vgl. Vasilash (2000), S. 53 f.
[2]Vgl. Krafcik (1988), S. 50.
[3]Zur Wertstromanalyse vgl. Rother/Shook (1999) bzw. die Erweiterungen bei Erlach (2010).
[4]Vgl. Erlach (2010), S. 102 ff.

und Qualitätskontrolle des Bauprozesses einige der identifizierten Schwächen kompensieren werden. Diese Weiterentwicklungen fördern die kontinuierliche Verbesserung (jap. Kaizen), ein zentrales Prinzip der Lean Production.

Ein nicht-additives Fertigungsverfahren muss nicht komplett durch 3D-Druck substituiert werden: Eine kombinierte Strategie additiver und nicht-additiver Fertigungsverfahren kann ein im Hinblick auf Kosten-, Zeit- und Risikoziele vorteilhafter Ansatz sein (vgl. Abschn. 3.1.6). Teile mit hohen Stückzahlen und relativ stabiler Nachfrage („Renner") werden weiterhin konventionell z. B. mittels Spritzgussverfahren produziert. Teile mit kleinen Stückzahlen je Variante und diskontinuierlicher Nachfrage („Exoten") oder kundenindividuelle Produkte hingegen werden mittels 3D-Druck gefertigt. Alternativ kann sich eine „Make-and-Buy"-Strategie als vorteilhaft erweisen, d. h. die gleichen Objekte werden sowohl intern in Eigenfertigung hergestellt als auch extern von Lieferanten beschafft.

Für die **Auswahl geeigneter Produktfamilien** unter Lean-Aspekten sei auf die bewährte Produktfamilien-Matrix und das Familienähnlichkeitsverfahren verwiesen.[5] Praxisrelevante Hinweise für die Auswahl geeigneter Teile bzw. Produkte für den 3D-Druck und qualitative Kriterien für die Auswahl eines anforderungsgerechten Druckverfahrens bieten das Vorgehensmodell und die Verfahrensauswahl-Matrix (VAM) von Feldmann/Pumpe.[6] Ob die qualitativen Anforderungen an das zu druckende Werkstück erfüllt werden, hängt einerseits vom verwendeten Material ab, andererseits vom gewählten Druckverfahren. Insofern können beide Faktoren nicht isoliert voneinander betrachtet werden, sondern müssen gemeinsam analysiert werden. Aufgrund der Vielzahl der am Markt verfügbaren Kombinationen von Material, Druckverfahren und Drucker-Hersteller ist eine fachkundige Beratung durch einen Dienstleister empfehlenswert.

Wird in der Praxis eine Investition in 3D-Druckverfahren in Erwägung gezogen, so ist vor der Entscheidung eine **Wirtschaftlichkeitsanalyse** durchzuführen. Die Investitionsentscheidung erfordert eine ganzheitliche Betrachtung der Wirkungen in der Wertschöpfungskette, um einen Vergleich zu konkurrierenden Szenarien wie die Fertigung mit einem nicht-additiven Fertigungsverfahren oder externer Beschaffung auf Basis des Geschäftswertbeitrags (Economic Value Added, EVA) zu ermöglichen. Dabei hat der 3D-Druck nicht nur Auswirkungen auf die Produktionsprozesse, sondern ebenso auf Beschaffungs-, Distributions- und Retourenprozesse. Umfassende Entscheidungsunterstützung im Hinblick auf

---

[5]Vgl. ebenda, S. 38 ff.
[6]Vgl. Feldmann/Pumpe (2016), S. 30.

die damit einhergehenden Fragestellungen bietet ebenso die o. g. Veröffentlichung von Feldmann/Pumpe.

Ein **Ausblick auf die weitere Entwicklung** des 3D-Drucks: Die stärksten Treiber der Technologieentwicklung bleiben Leichtbau und Funktionsintegration, d. h. die Möglichkeit, die Anzahl der Teile und Fertigungsschritte zu verringern. Ein höherer Automatisierungsgrad führt zu kürzeren Fertigungszeiten. Insbesondere die Entwicklung gekoppelter 3D-Drucksysteme, die verschiedene Drucker über ein automatisiertes Fördersystem verbinden, verspricht eine signifikant kürzere Durchlaufzeit durch eine kontinuierliche Fließfertigung. Dies fördert die weitere Verbreitung des 3D-Drucks in der Serienfertigung bzw. der kundenindividuellen Massenfertigung.[7] Bauräume werden größer, sodass größere Objekte bzw. mehrere Objekte gleichzeitig gedruckt werden können. Die Materialvielfalt steigt weiter, mechanische und optische Eigenschaften sowie die Präzision werden optimiert, sodass sich vielfältige neue Anwendungsbereiche ergeben.[8] Dabei sind Standards und Zertifizierungen ein erfolgskritischer Faktor für die weitere Verbreitung in der industriellen Fertigung. Diese sind sowohl für Rohmaterialien und Druckobjekte als auch für Maschinen, Fertigungs- und Testprozesse sowie Mitarbeiterschulungen zu definieren (vgl. Abschn. 3.1.5). Kosten für Drucker und Rohstoffe sinken weiter.[9] Dies liegt zum einen an der steigenden Anzahl der Anbieter, zum anderen werden weitere Patente auslaufen.[10] Neue Geschäftsmodelle entwickeln sich, z. B. bieten Logistikdienstleister 3D-Druck an.

Diese Entwicklungen führen zur Prognose eines rasant steigenden Durchdringungsgrads des 3D-Drucks in der Industrie.[11] Den Unternehmen, die additive Fertigungsverfahren effektiv und effizient in den Wertstrom integrieren, werden

---

[7]Vgl. Kajtaz et al. (2015), S. 196; ebenso Bland/Conner (2015), S. 118.

[8]Vgl. D'Aveni (2015), S. 48; Bogers/Hadar/Bilberg (2016), S. 230; Wohlers/Caffrey (2015), S. 17 ff.; Campell/Bourell/Gibson (2012), S. 255. Fastermann sieht wesentliches Weiterentwicklungspotenzial bei serienmäßigen 3D-Druck elektronischer Schaltkreis auf verschiedenste Materialien, so dass individualisierte Elektronikprodukte zukünftig komplett additiv gefertigt werden. Vgl. Fastermann (2016), S. 5, 118 f.

[9]Vgl. Bogers/Hadar/Bilberg (2016), S. 230; ebenso Campbell/Bourell/Gibson (2012), S. 255; Hessman (2013), Interviewantwort von Hanson, J.

[10]Vgl. Gao et al. (2015), S. 81.

[11]Vgl. Stansbury/Idacavage (2016), S. 62; ebenso Wohlers/Caffrey (2015), S. 17.

signifikante Wettbewerbsvorteile vorhergesagt.[12] Kritische Erfolgsfaktoren für eine breite Anwendung des 3D-Drucks in der Industrie sind die u. a. folgenden:[13] Verfügbarkeit von Datenbanken zu Materialeigenschaften.
Bauprozess-Modelle, die Verzerrungen wie z. B. Dimensionsänderung durch Abkühlung kompensieren und so Maßhaltigkeit und exakte Reproduzierbarkeit der Bauteile gewährleisten.
Laufende Messung und Steuerung des Bauprozesses im Bauraum (nicht-zerstörende Evaluation).
Definierte und bezahlbare Pfade für das Erlangen von Zertifizierungen und Etablieren von Standards.
Größere Bauräume, schnellere Bauprozesse und Multi-Material-Drucker.

Im Rahmen dieser Schlussbetrachtung ist ebenso eine **kritische Reflexion** des Vorgehens und der Ergebnisse unter wissenschaftlichen Aspekten angebracht. Bei der vorliegenden Untersuchung handelt es sich um eine literaturbasierte Analyse, die durch ein Experteninterview ergänzt wurde. Insofern sind die qualitativen Aussagen durch die subjektive Perspektive der Autoren geprägt. Untersuchungen mit rein explorativem Charakter stellen zwar keinen echten Erkenntnisfortschritt dar, können aber als Heuristiken oder Ideengeber für theoretisch fundierte Kausalanalysen dienen. Eine solche wäre in einer anschließenden quantitativ-konfirmatorischen Analyse in Form einer empirischen Überprüfung zu validieren. Von den Unterschieden der verschiedenen Druckverfahren und -rohstoffe, Produkt- und Branchenspezifika wurde weitgehend abstrahiert, sodass diese Untersuchung durch einen niedrigen Grad an Spezifität gekennzeichnet ist, d. h. sie weist einen hohen Grad an Allgemeingültigkeit der Ergebnisse auf und ist somit auf eine Vielzahl von Unternehmen bzw. Produkten anwendbar.

Daraus ergeben sich verschiedene **Ansatzpunkte für die weitere Forschung.** Aussagen mit einer höheren Spezifität erfordern konkrete Festlegungen im Hinblick auf die zu druckenden Teile bzw. Produkte, Druckverfahren und -rohstoffe, Kundennachfrage sowie weitere branchenspezifische Anforderungen. Insbesondere die differenzierte Betrachtung von Prozessvarianten wie prognosebasierte Produktion für den anonymen Markt (make-to-stock), auftragsbezogene Produktion (make-to-order) und auftragsspezifische Entwicklungen für die Produktion (engineer-to-order) verspricht weitere Erkenntnisse. In weiteren Untersuchungen könnte durch eine breit angelegte empirische Primärdatenerhebung die Objektivität, Validität und

---

[12]Vgl. D'Aveni (2015), S. 46.
[13]Vgl. Additive Manufacturing Consortium (2016).

Repräsentativität der Aussagen signifikant gesteigert werden. Verschiedene Weiterentwicklungen der Forschungsmethodik bieten sich an: Lücken in der Methodik lassen sich schließen, neue Methoden und Konzepte können ergänzt werden. Für die konkrete Anwendung im Unternehmen kann der Fokus auf einen Untersuchungsbereich gelegt und dort vertieft bzw. detailliert werden.

Literatur

Additive Manufacturing Consortium. (2016). http://ewi.org/additive-manufacturing-consortium. Zugegriffen. 20. Nov. 2016.

Bland, S., & Conner, B. (2015). Mapping out the additive manufacturing landscape. *Metal Powder Report, 70*(3), 115–119.

Bogers, M., Hadar, R., & Bilberg, A. (2016). Additive manufacturing for consumer-centric business models: Implications for supply chains in consumer goods manufacturing. *Technological Forecasting and Social Change, 102,* 225–239.

Campell, I., Bourell, D., & Gibson, I. (2012). Additive manufacturing: Rapid prototyping comes of age. *Rapid Prototyping Journal, 18*(4), 255–258.

D'Aveni, R. (2015). The 3-D printing revolution. *Harvard Business Review, 93*(5), 40–48.

Erlach, K. (2010). *Wertstromdesign: Der Weg zur schlanken Fabrik* (2. Aufl.). Wiesbaden: Springer.

Fastermann, P. (2016). *3D-Drucken: Wie die generative Fertigungstechnik funktioniert* (2. Aufl.). Wiesbaden: Springer.

Feldmann, C., & Pumpe, A. (2016). *3D-Druck: Verfahrensauswahl und Wirtschaftlichkeit additiver Fertigung – Entscheidungsunterstützung für Unternehmen.* Wiesbaden: Springer Gabler.

Gao, W., et al. (2015). The status, challenges, and future of additive manufacturing in engineering. *Computer-Aided Design, 69,* 65–89.

Hessman, T. (2013). 3D printing the supply chain. *Material Handling & Logistics.* http://mhlnews.com/technology-amp-automation/3-d-printing-supply-chain?page=2. Zugegriffen: 14. Juli 2016.

Kajtaz, M., et al. (2015). An approach for personalised product development. *Procedia Technology, 20,* 191–198.

Krafcik, J. F. (1988). Triumph of the lean production system. *Sloan Management Review, 30*(1), 41–52.

Rother, M., & Shook, J. (1999). *Learning to see: Value-stream mapping to create value and eliminate muda: Value stream mapping to add value and eliminate muda.* Cambridge: Lean Enterprise Institute.

Stansbury, J. W., & Idacavage, M. J. (2016). 3D printing with polymers: Challenges among expanding options and opportunities. *Dental Materials, 32*(1), 54–64.

Vasilash, G. S. (2000). Standardized lean. *Automotive Manufacturing & Production, 2000,* 52–54.

Wohlers, T., & Caffrey, T. (2015). *Wohlers report 2015: 3D printing and additive manufacturing state of the industry annual worldwide progress report.* Fort Collins: Wohlers Associates.

Weiterführende Literatur

Bandyopadhyay, A., & Bose, S. (2015). *Additive manufacturing*. Boca Raton: CRC.

Barnatt, C. (2014). *3D Printing* (2. Aufl.). CreateSpace Independent Publishing Platform.

Blanchet, M., et al. (2014). *Industry 4.0 – The new industrial revolution: How Europe will succeed*. München. https://www.rolandberger.com/media/pdf/Roland_Berger_TAB_Industry_4_0_20140403.pdf. Zugegriffen: 14. Juli 2016.

Boer, L. de, Labro, E., & Morlacchi, P. (2001). A review of methods supporting supplier selection. *European Journal of Purchasing & Supply Management, 7*(2), 75–89.

Bose-Munde, A. (2014). Additive Manufacturing setzt sich durch im Maschinenbau. *MaschinenMarkt, 30*(31), 22–25.

Chopra, S., & Meindl, P. (2013). *Supply chain management* (5. Aufl.). Boston: Pearson.

Cochran, D. S., Arinez, J. F., Duda, J. W., & Linck, J. (2001). A decomposition approach for manufacturing systems design. *Journal of Manufacturing Systems, 20*, 371–389.

Degraeve, Z., Labro, E., & Roodhooft, F. (2005). Constructing a total cost of ownership supplier selection methodology based on activity-based costing and mathematical programming. *Accounting and Business Research, 35*, 3–27.

Dombrowski, U., Zahn, T., & Grollmann, T. (2009). Roadmap für die Implementierung ganzheitlicher Produktionssysteme. *Zeitschrift für wirtschaftlichen Fabrikbetrieb, 104*(12), 1120–1125.

Duda, J. W. (2000). *A decomposition-based approach to linking strategy, performance measurement, and manufacturing system design*. Ph. D. Thesis, Massachusetts Institute of Technology, Cambridge.

Ellram, L. M. (1995). Total cost of ownership. An analysis approach for purchasing. *International Journal of Physical Distribution & Logistics, 25*, 4–23.

Ferdows, K., & Meyer, A. (1990). Lasting improvements in the manufacturing performance – In search of a new theory. *Journal of Operations Management, 9*, 168–184.

Ferrin, B. G., & Plank, R. E. (2002). Total cost of ownership models: An exploratory study. *The Journal of Supply Chain Management, 38*, 18–29.

Filippini, R., Forza, C., & Vinelli, A. (1998). Trade-off and compatibility between performance indicators: Definitions and empirical evidence. *International Journal of Production Research, 36*, 3379–3406.

Gattorna, J. (Hrsg.). (1998). *Strategic supply chain alignment – Best practice in supply chain management*. Hampshire: Gower.

© Springer Fachmedien Wiesbaden GmbH 2017
C. Feldmann und A. Gorj, *3D-Druck und Lean Production*,
DOI 10.1007/978-3-658-18408-7

Göpfert, I. (2005). *Logistik* (2. Aufl.). München: Gabler.

Gröger, C. (2015). *Advanced Manufacturing Analytics: Datengetriebene Optimierung von Fertigungsprozessen.* Lohmar: EUL.

Hague, R., Campbell, I., & Dickens, P. (2003). Implications on design of rapid manufacturing. *Journal of Mechanical Engineering Science, 217*(1), 25–30.

Harrington, H., & Mignosa, C. (2013). *The lean six sigma handbook: Tools and methods for process improvement.* Boca Raton: CRC.

Jörgl, T. (2014). Auf zu neuen Wegen. *Logistik Heute, 7–8,* 42–47.

Kerka, F., et al. (2014). *Verschwendungsarm Arbeiten: Was Dienstleister von der Lean-Production-Philosophie lernen können.* Bochum: Institut für angewandte Innovationsforschung e. V.

Lean Enterprise Institute. (2016a). James P. Womack. https://www.lean.org/WhoWeAre/LeanPerson.cfm?LeanPersonId=1. Zugegriffen: 14. Juli 2016.

Lean Enterprise Institute. (2016b). *What is Lean?* http://www.lean.org/WhatsLean. Zugegriffen: 14. Juli 2016.

Lee, H. L., Padmanabhan, V., & Whang, S. (1997). The bullwhip effect in supply chains. *Sloan Management Review, 38*(1997), 93–102.

Lindner, A. (2015). *Wertstromdesign* (2. Aufl.). München: Hanser.

Modesti, P. (2007). *EVA and NPV: Some comparative remarks.* Parma: University of Parma.

Nyhuis, P., & Wiendahl, H.-P. (2003). *Logistische Kennlinien: Grundlagen, Werkzeuge und Anwendungen* (2. Aufl.). Berlin: Springer Vieweg.

o. V. (2015). Fraunhofer opens new center for AM in Germany. *Metal Powder Report, 70*(6), 307.

o. V. (11. April 2016). Brillen aus dem 3D-Drucker. *Die Zeit, 84,* 22.

Robinson, C. J., & Malhotra, M. K. (2005). Defining the concept of supply chain quality management and its relevance to academic and industrial practice. *International Journal of Production Economics, 96,* 315–337.

Rother, M., & Harris, R. (2004). *Kontinuierliche Fliessfertigung organisieren: Praxisleitfaden zur Einzelstück-Fliessfertigung für Manager, Ingenieure und Meister in der Produktion.* Cambridge: Lean Enterprise Institute.

Rother, M., & Kinkel, S. (2013). *Die Kata des Weltmarktführers: Toyotas Erfolgsmethoden* (2. Aufl.). München: Campus.

Schmid, M. (2015). *Additive Fertigung mit Selektivem Lasersintern (SLS).* Wiesbaden: Springer Vieweg.

Schnetzler, M. J., Sennheiser, A., & Schönsleben, P. (2006). A decomposition-based approach for the development of a supply chain strategy. *International Journal of Production Economics, 105,* 21–42.

Schönsleben, P. (2004). *Integral logistics management* (2. Aufl.). Boca Raton: CRC.

Scott, A. (2013). Is additive manufacturing a plus for you? *Material Handling & Logistics.* 11. Juli 2013. http://mhlnews.com/technology-amp-automation/additive-manufacturing-plus-you. Zugegriffen: 14. Juli 2016.

Smalley, A. (2005). *Produktionssysteme glätten: Anleitung zur Lean Production nach dem Pull-Prinzip – Angepasst an die Kundennachfrage.* Cambridge: Lean Enterprise Institute.

Spath, D. (2003). *Ganzheitlich produzieren – Innovative Organisation und Führung.* Stuttgart: LOGIS.

Stewart, G. B. (1991). *The quest for value.* New York: HarperCollins.

Supply Chain Council Inc. (2012). *Supply Chain Operations Reference model (SCOR)* (11. Aufl.). Supply Chain Council Inc.

Tapping, D., Luyster, T., & Shuker, T. (2002). *Value stream management: Eight steps to planning, mapping, and sustaining Lean improvements.* New York: Productivity Press.

Trent, R. J., & Roberts, L. R. (2010). *Managing global supply and risk.* Fort Lauderdale: J. Ross.

VDI 2221. (1993). *VDI Richtlinie 2221: Methodik zum Entwicklen und Konstruieren technischer Systeme und Produkte.* Düsseldorf.

Ward, A. C., & Sobek, D. K. (2014). *Lean product and process development* (2. Aufl.). Cambridge: Lean Enterprises Institute.

Wouters, M., Anderson, J. C., & Wynstra, F. (2005). The adoption of total cost of ownership for sourcing decisions—a structural equations analysis. *Accounting, Organizations and Society, 30,* 167–191.

Young, S. D., & O'Byrne, S. F. (2001). *EVA and value-based management.* New York: McGraw-Hill.

Ziegenbein, R. (Hrsg.). (2014). *Handbuch Lean-Konzepte für den Mittelstand.* Münster: Fachhochschule Münster Institut für Technische Betriebswirtschaftslehre.

Zghair, Y. (2016). Rapid Repair hochwertiger Investitionsgüter. In R. Lachmayer, R. B. Lippert, & T. Fahlbusch (Hrsg.), *3D-Druck beleuchtet: Additive Manufacturing auf dem Weg in die Anwendung* (S. 57–69). Wiesbaden: Springer Vieweg.

Printed in the United States
By Bookmasters